东南亚与华侨华人研究系列之三十四

# 中国与中南半岛国家地缘文化关系研究

陈 锴 著

厦门大学出版社
XIAMEN UNIVERSITY PRESS

国家一级出版社
全国百佳图书出版单位

**图书在版编目(CIP)数据**

中国与中南半岛国家地缘文化关系研究/陈锴著.—厦门:厦门大学出版社,2016.10(2019.6 重印)
(厦门大学东南亚研究中心系列丛书)
ISBN 978-7-5615-6187-4

Ⅰ.①中… Ⅱ.①陈… Ⅲ.①中外关系－国际政治关系－研究－东南亚 Ⅳ.①D822.333

中国版本图书馆 CIP 数据核字(2016)第 173741 号

| | |
|---|---|
| 出 版 人 | 蒋东明 |
| 责任编辑 | 薛鹏志 |
| 特约编辑 | 章木良 |
| 封面制作 | 张雨秋 |
| 技术编辑 | 朱 楷 |

出版发行 厦门大学出版社

| | |
|---|---|
| 社　　址 | 厦门市软件园二期望海路 39 号 |
| 邮政编码 | 361008 |
| 总 编 办 | 0592-2182177　0592-2181406(传真) |
| 营销中心 | 0592-2184458　0592-2181365 |
| 网　　址 | http://www.xmupress.com |
| 邮　　箱 | xmupress@126.com |
| 印　　刷 | 厦门集大印刷厂 |

| | |
|---|---|
| 开本 | 889mm×1194mm　1/32 |
| 印张 | 7.25 |
| 插页 | 2 |
| 字数 | 200 千字 |
| 印数 | 1 501～2 500 册 |
| 版次 | 2016 年 10 月第 1 版 |
| 印次 | 2019 年 6 月第 2 次印刷 |
| 定价 | 46.00 元 |

厦门大学出版社
微信二维码

厦门大学出版社
微博二维码

本书如有印装质量问题请直接寄承印厂调换

# 内容提要

　　从地缘视角探讨行为主体(例如国家、族群)之间的文化关系,是一个亟待国内外学界进一步关注的课题。在特定区域内,判定行为主体间是否存在地缘文化关系,主要取决于以下三个基本条件:其一,行为主体的边界相接;其二,特定区域内存在水、陆跨境通道;其三,特定区域内存在某种具有长远影响力的宗教文化或价值观。长期以来,中国与中南半岛国家的地缘文化关系具备这三个基本条件。

　　就中国与中南半岛国家而言,地缘文化关系是区域内的行为主体(例如国家、族群),在器物、制度和观念三个层次形成的文化关系。其中,器物层面指一切有形可感的文化及相关的物质体现。器物层面为制度、观念层面奠定了存续和发展的物质基础;制度层面位于地缘文化关系的中间层,它涵盖了地缘文化关系发展过程中形成的各种制度和机制;地缘文化关系的观念层面,指区域内行为主体间具有共性的宗教文化或价值观。

　　基于对中国与中南半岛国家地缘文化关系的历史脉络的分析,本书探讨了影响这一关系的四个要素,即华侨华人、跨界民族、跨境通道与佛教文化。接下来,本书从器物、制度和观念三个层面,分析中国与中南半岛国家地缘文化关系当前面临的主要现实挑战,并为中国设想较为可行的应对之策。

# Abstract

It's urgently needed to explore the cultural relations between actors ( e. g. , nations and ethnic groups ) from a geographical perspective. In a particular region, whether there is any geo-cultural relation between the actors, depends on the following three primary conditions: firstly, actors have boundaries with each other; secondly, there is a certain kind of long-lasting religious culture or value; thirdly, there is certain cross-boundary channel in the particular region. For a long time, the geo-cultural relations between China and Indo-China Peninsula countries meet the three primary conditions.

In the case of geo-cultural relations between China and Indo-China peninsula countries, geo-cultural relations refer to cultural relations between actors in particular region, which can be deconstructed into three levels, that is, utensil, institution, and concept. This book analyzes the dynamics of geo-cultural relations between Indo-China peninsula countries and China, explores four elements comprising the geo-cultural relations, that is, overseas Chinese and Chinese, cross-border ethnicity, trans-boundary channel and Buddhism culture. Then, this book stresses the challenges facing the geo-cultural relations between Indo-China Peninsula countries and China, and explore alternative options to the challenges.

# 序　言

　　光阴荏苒,时光流转。

　　《中国与中南半岛国家地缘文化关系研究》一书,脱胎于陈锴博士在复旦大学的博士后研究工作报告。作为陈博士的博士后导师,当我知晓它将要付梓时,距离当年的答辩已将近五年了。陈博士的可爱和可贵之处,在于他是愿意坐冷板凳的。当年,他选择了地缘文化这个冷板凳。如今,这个冷板凳似乎还是没有热起来。但是,他的学术热情未减。

　　在这五年里,为了写好这本书,他做了三件事。其一,他离开复旦后,为了知识的积累与学识的深度,在浙江大学完成了第二站的博士后研究;其二,他出版了第一部英文专著和中文译著,进一步拓宽了学术视野;其三,为了不断更新学识,他先后游学于新加坡国立大学、香港中文大学和台湾政治大学。望着他前行的足迹,扎实、有劲,我既感到欣慰,也怀着更大的期待。

　　与当时的那本博士后研究工作报告相比,现在的这本书有了更多的学术沉淀与积累。这样的书,值得一读。

　　这是陈博士的第一部中文专著,期待不久的将来,有更精彩的第二部。

　　是为序。

　　　　　　　　　　　　　　　　　　　　　　　　冯世城

　　　　　　　　　　　　　　　　　　　2016 年 5 月 15 日

　　　　　　　　　　　　　　　　　　　于复旦大学

# 目　　录

　第一节　研究目的 ………………………………… 1
　第二节　研究探讨 ………………………………… 4
　第三节　概念定义 ………………………………… 8
　第四节　研究方法 ……………………………… 13
　第五节　内容构架 ……………………………… 14
　小结 …………………………………………… 15

第二章　中国与中南半岛国家地缘文化关系中的四个要素 …… 16
　第一节　以华侨华人、跨界民族为依托 ………… 16
　第二节　以跨境通道为纽带 …………………… 26
　第三节　以佛教文化为黏合剂 ………………… 37
　小结 …………………………………………… 49

第三章　地缘文化关系的形成期:史前时期至 11 世纪前半叶 … 50
　第一节　越南 …………………………………… 53
　第二节　缅甸和泰国 …………………………… 57
　第三节　柬埔寨和老挝 ………………………… 61
　第四节　马来西亚和新加坡 …………………… 64
　小结 …………………………………………… 68

# Contents

Contents 3

# 第一章

## 绪 论

## 第一节 研究目的

地缘关系总是在特定的地域和地理环境中产生、发展起来的。地缘关系(geographical relationship)指特定区域内,行为主体(例如国家、族群)之间的政治、经济、文化关系。地缘文化关系是指,特定区域内的行为主体在器物、制度和观念三个层面形成的文化关系。

冷战后,国际关系中的基本要素呈现出重要的变化,变化之一就是文化地位的上升。[①]伴随着这一趋势,地缘文化日益成为国内外学界关注的一个议题。可以说,在当今这样一个文化因素日益凸显的时代,假如行为主体之间存在地缘关系,却缺乏地缘文化的支撑,那么这样的地缘关系势必会出现结构性的缺失。

那么,该如何判定特定区域内的行为主体(如国家、族群)之间是否存在地缘文化关系呢? 笔者认为,这取决于以下三个基本条件:其一,行为主体的边界相接;其二,特定区域内长期存在水、陆路跨境通道;其三,特定区域内存在某种具有长远影响力的宗教文化或价值

---

① 王沪宁:《文化扩张与文化主权:对主权观念的挑战》,《复旦学报(社会科学版)》1994年第3期,第9页。

观。可以说,中国与中南半岛国家的地缘文化关系具备这三个基本条件。①

　　从地缘视角来看,中南半岛西临安达曼海,南临马六甲海峡②,东临太平洋,北临中国大陆,而中国的西南地区与中南半岛则构成了一个地理整体(参见图 1-1)。中国的云南、广西与三个中南半岛国家(即缅甸、老挝和越南)边界相接。③同时,中国与中南半岛国家通过水、陆跨境通道(比如西南丝绸之路和马六甲海峡)相互连通。不仅如此,中国与中南半岛国家均深受佛教文化的影响。

　　本书对中国与中南半岛国家地缘文化关系的研究,是对中国与中南半岛国家地缘关系研究,也是对地缘文化研究的一种补充与完善。本书旨在解答以下四个具有理论或现实意义的问题:其一,如何解构中国与中南半岛国家的地缘文化关系?其二,如何把握中国与中南半岛国家地缘文化关系发展的历史脉络与要素?其三,如何辨析中国与中南半岛国家地缘文化关系面临的主要挑战?其四,针对这些挑战,如何为中国构想可行的应对之策?希望本书对这些问题的解答,能对今后的相关研究有所裨益。

────────────

　　① 中南半岛,又称中印半岛,或印度支那半岛。中国和南亚次大陆之间的半岛,包括缅甸、泰国、老挝、越南、柬埔寨、马来西亚的半岛地区和新加坡等国。参见王伯恭主编:《中国百科大辞典9》,北京:中国大百科全书出版社,1999年,第 6990 页。

　　② 亚洲东南部马来半岛(东)与苏门答腊岛(西)之间的海峡。西北—东南走向,长约 900 公里。北口宽,南口窄,最窄处 5.4 公里。水深一般为 25～27 米。参见蒋广学、朱剑主编:《世界文化词典》,长沙:湖南出版社,1990 年,第653 页。

　　③ 安达曼海,亦称"缅甸海"。位于亚洲大陆与安达曼群岛、尼科巴群岛及苏门答腊岛之间。北面与孟加拉国湾相邻,西面与印度洋连通,东南经马六甲海峡、南海、爪哇海等与太平洋连接。参见《海洋大辞典》编辑委员会:《海洋大辞典》,沈阳:辽宁人民出版社,1998 年,第 4 页。

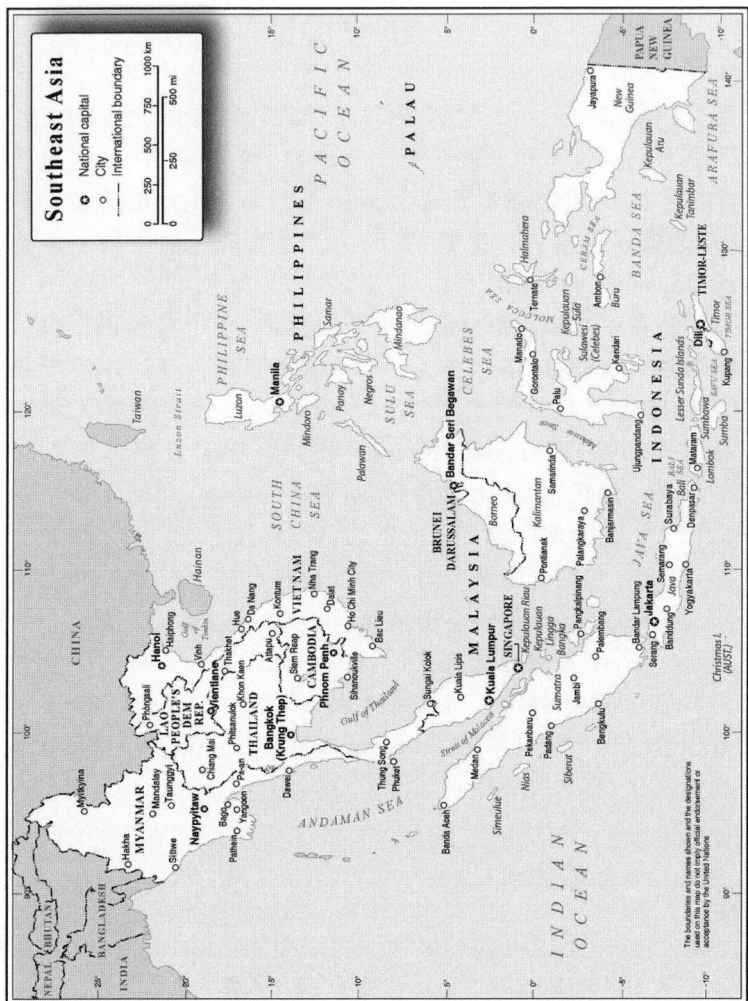

图1-1　中南半岛国家略图

资料来源：Southeast Asia, Map No. 4365 Rev.1 UNITED NATIONS, March 2012. http://www.un.org/Depts/Cartographic/map/profile/seasia.pdf.

# 第二节　研究探讨

　　有关"文化"最早的一个定义,出自于《周易》的贲卦:"刚柔交错,
天文也;文明以止,人文也。观乎天文,以察时变;观乎人文,以化成
天下。"①时至今日,国内外学界对"文化"一词尚无统一的界定。不
过,其中不乏值得借鉴者。比如,英国学者爱德华·伯内特·泰勒
(Edward Burnett Tylor)在 1871 年出版的《原始文化》(*Primitive
Culture*)一书将文化界定为:"一个复杂的整体,它包括知识、信仰、
艺术、伦理道德、法律、风俗和作为一个社会成员的人通过学习而获
得的任何其他能力和习惯。"②其后,英国学者布劳尼斯罗·卡斯
帕·马林诺夫斯基(Bronislaw Kasper Malinowski)发展了泰勒对
"文化"的定义。他在《文化论》(*A Scientific Theory of Culture*)一
书中指出:"文化是指那一群传统的器物、货品、技术、思想、习惯及价
值而言的,这概念包容着及调节着一切社会科学。"③笔者认为,上述
这两个对文化的定义,都值得本书借鉴。

　　目前,国内外学界对地缘文化的研究尚处于开拓阶段。据笔者
掌握的资料显示,国内外学界对地缘文化的研究可以追溯到 1991 年
美国学者伊曼纽尔·沃勒斯坦(Immanuel Wallerstein)的专著《地缘
政治与地缘文化:有关变革中的世界》(*Geopolitics and Geoculture*:

---

　　①　杨展、鲁锋主编:《简明人文地理学辞典》,南京:南京大学出版社,1990
年,第 1 页。

　　②　参见 Tylor, Edward B. , 1958. Primitive culture. New York:Harper.
爱德华·伯内特·泰勒(Edward Burnett Tylor),英国人类学家。

　　③　参见马凌诺斯基著,费孝通译:《文化论》,上海:商务印书馆,1946 年。
布劳尼斯罗·卡斯珀·马林诺夫斯基(Bronislaw Kasper Malinowski,1884—
1942),也译作马凌诺斯基。英国人类学家,人类学田野调查方法的开拓者之
一。参见袁世全、冯涛主编:《中国百科大辞典》,北京:华夏出版社,1990 年,第
976 页。

Essays on the Changing World-System)。①该书提出了"地缘文化"(geo-culture)这一概念。沃勒斯坦认为,"地缘文化"是一个"确保世界体系得以存续的文化框架"。它是"由每个世界体系的价值观和基本规则构成的,用来区分不同体系、不同社会和不同文明的文化标准"。②

在沃勒斯坦之后,地缘文化作为一个学术概念,引起了更多学者的关注。其中,尹朝晖教授将"地缘文化"界定为,"同一空间区域内的社会群体因受其所处的地理环境影响而形成的具有共同内容和特征的文化系统"。③刘从德教授认为,地缘文化是"同一空间区域内的社会群体因受其所处的地理环境而形成的具有共同内容和特殊特征的文化系统"。④在分析方法上,潘忠岐教授与黄仁伟教授从全球层次、亚洲地区层次和周边层次探讨中国地缘文化面临的主要挑战,进而提出中国地缘文化战略的可能选择。⑤这些研究成果为本书提供了有益的启示。

关于中国与中南半岛国家地缘文化关系的研究,国内外学界至

---

① 伊曼纽尔·莫里斯·沃勒斯坦(Immanuell Maurice Wallerstein,1930— ),美国经济学家。他将资本主义作为一个世界体系来研究。认为资本主义从一开始就不是在单个国家内孤立地出现的,而是作为一个世界性的体系出现的,它由中心区、半边缘区和边缘区三个部分联结成一个整体结构。参见金炳华主编:《马克思主义哲学大辞典》,上海:上海辞书出版社,2003年,第1062页。

② Wallerstein, Immanuel Maurice, 1991. Geopolitics and geoculture: Essays on the changing world-system. London: Cambridge University Press, p. 11.

③ 尹朝晖:《地缘文化:当代国际政治理论研究的新视角》,《理论导刊》2009年第1期,第105页。

④ 刘从德主编:《地缘政治学导论》,北京:中国人民大学出版社,2010年,第216页。

⑤ 潘忠岐、黄仁伟:《中国的地缘文化战略》,《现代国际关系》2008年第1期,第44页。

今尚无中英文学术专著出版。目前,可供本书参考、借鉴的研究成果,散见于以下相关领域的著述,其中包括中南半岛国家的历史研究、中国西南边境地区跨界民族研究、中南半岛国家的华侨华人研究,以及佛教(尤其是南传佛教)研究等。①

　　由于各种客观原因,中南半岛国家的原始资料多有散佚。此外,部分早期出版且具有学术影响的英文研究成果已经绝版或难以找到。相比之下,在现存的诸多中文古籍与史料中,有关中南半岛国家的记载,显得愈发珍贵,通常被国内外学界视为研究中南半岛国家的重要资料,其中多数已被中国学者系统地加以汇集和整理。因此,中国学者在中南半岛国家的研究领域,具有较大优势。至今为止,比如,中国社科院历史研究所编写的《古代中越关系史资料选编》,郭振铎、吕殿楼、王晟主编的《中国古籍中的柬埔寨资料汇编》,陈显泗、许肇琳等编写的《中国古籍中的柬埔寨史料》,景振国主编的《中国古籍中有关老挝资料汇编》,郭明等编写的《现代中越关系资料选编》,余定邦、黄重言的《中国古籍中关于缅甸资料汇编》、《中国古籍中关于新加坡、马来西亚资料汇编》和《中国古籍中关于泰国资料汇编》等。此外,部分历史工具书也为本书提供了重要的参考资料,比如,周南京主编的《世界华侨华人词典》和《华侨华人百科全书》。对于本书而言,它们具有重要的史料价值。

　　在有关中南半岛国家历史,以及中国与中南半岛国家关系史的专题性研究中,本书主要参考了以下著述:余定邦的《中缅关系史》和《东南亚近代史》,梁英明的《东南亚史》,梁志明、李谋和杨保筠主编的《东南亚古代史》,贺圣达的《缅甸史》,申旭的《老挝史》,朱杰勤的《东南亚华侨史》和《中外关系史论文集》,韩振华的《中国与东南亚关

---

　　①　南传佛教又称作上座部佛教,即 Theravāda Buddhism,Thera 意为"上座、长老",Vada 则为"学说、理论",因而,上座部佛教意指"经由上座长老们承传的正统佛教学说"。参见宋立道:《神圣与世俗——南传佛教国家的宗教与政治》,北京:宗教文化出版社,2000 年,第 1 页。

系史研究》，余定邦、喻常森的《近代中国与东南亚关系史》，李一平、庄国土主编的《冷战以来的东南亚国际关系》，葛治伦的《中泰关系史》和陈吕范编著的《泰族起源与南诏国研究文集》等。

　　有关中国与中南半岛国家的文化关系，本书参考的研究专著主要有：贺圣达的《东南亚文化发展史》，杨保筠的《中国文化在东南亚》，李谋、姜永仁的《缅甸文化综论》，周伟民、唐玲玲的《中国和马来西亚的文化交流史》，朱杰勤的《东南亚华侨通史》，王介南的《中国与东南亚文化交流志》以及周一良主编的《中外文化交流史》。这些专著在不同程度上探讨了中国与中南半岛国家之间的文化交流，对本书有较大的参考价值。

　　国内学界对中国与缅甸、老挝和越南的跨界民族的研究，主要关注与中国有渊源关系的同源民族。比如，刘稚的《中国—东南亚跨界民族发展研究》、葛公尚的《当代国际政治与跨界民族研究》、金炳镐的《跨界民族与民族问题》、曹兴和孙志方的《全球化时代的跨界民族问题》，以及朴今海和张学慧主编的《跨界民族研究》。有关佛教（尤其是南传佛教）的研究成果，本书主要参考了以下著述：杜继文主编的《佛教史》、洪修平的《中国佛教文化历程》、净海的《南传佛教史》、净慧主编的《南传佛教史简编》、任道斌的《佛教文化辞典》和赵朴初的《佛教常识答问》等。

　　对本书有一定参考价值的英文专著包括，上海圣约翰大学教授 H. F. 麦克内尔（H. F. MacNaiv）于 1924 年出版的《海外华人》（*The Chinese Abroad*）。该书讨论了海外华侨（包括东南亚华侨）的地位及护侨问题。这是西方学者首次从国际关系的角度探讨华侨问题。[①]此外，曾出使缅甸的英国官员詹姆斯·乔治·斯科特爵士（James George Scott，Sir）所著《缅甸人：生活与理念》（*The Burman：His Life and Notions*）对于研究缅甸人传统生活与文化

---

　　①　［印度尼西亚］廖建裕著，苏健璇译：《对东南亚华人研究的几点看法》，《南洋资料译丛》1989 年第 3 期，第 87 页。

具有一定的参考价值。①

与英文著述相比,中南半岛半岛国家学者的研究成果更具参考价值,比如缅甸古典历史名著《琉璃宫史》三卷本,王赓武的《东南亚与华人——王赓武教授论文选集》,黎道纲的《泰国古代史地丛考》、《泰境古国的演变与室利佛逝之兴起》,洪林、黎道纲的《泰国华侨华人研究》等。

从已有的研究成果来看,在中国与中南半岛国家地缘文化关系这一研究领域,至少留有四个具有理论或现实意义的问题,亟待国内外学界加以深入探讨。其一,如何解构中国与中南半岛国家的地缘文化关系?其二,如何梳理中国与中南半岛国家地缘文化关系的发展脉络?其三,影响中国与中南半岛国家地缘文化关系的要素有哪些?其四,中国与中南半岛国家地缘文化关系面临哪些挑战?中国应如何应对?

有鉴于此,本书尝试从以下三方面对上述四个问题加以探讨。首先,将地缘文化关系解构为器物、制度和观念三个层面;其次,透过四个不同的历史分期,梳理中国与中南半岛国家地缘文化关系的脉络,同时探究影响中国与中南半岛地缘文化关系的四个要素,即华侨华人、跨界民族、跨境通道与佛教文化;最后,分析中国与中南半岛国家地缘文化关系面临的主要现实挑战,并通过"公私合作伙伴关系"的路径,为中国设想应对之策。

# 第三节  概念定义

## 一、地缘文化

地缘文化关系是指特定区域内行为主体(如国家、族群),在器

---

①  参见 Scott, James George, 1927. The Burman: His life and notions. London: Macmillan.

物、制度和观念三个层面形成的文化关系。笔者之所以会将地缘文化关系解构为器物、制度和观念三个层面，最初是受到梁启超的《五十年中国进化概论》的启发。梁启超在该文中，从器物、制度和文化三个层面，论述了当时国人意识觉醒的三个递进阶段：

> 近五十年来，中国人渐渐知道自己的不足了。这点子觉悟，一面算是学问进步的原因，一面也算是学问进步的结果。第一期，先从器物上感觉不足。……第二期，是从制度上感觉不足。……第三期，便是从文化根本上感觉不足。[①]

另一个有益的启发，来自于英国学者马林诺夫斯基。他将诸多文化关系归入三个不同层面——物质、社会和精神。[②] 根据马林诺夫斯基的层次分析法："器物层面，也就是生产、生活工具；组织层面，包括社会、经济、政治组织；精神层面，即人的伦理、价值取向等。"[③] 有学者认为，这种层次分析法代表了"最彻底的经验上的文化分类法"。[④]

参照上述两位学者的分析方法，笔者从器物、制度和观念三个层面来解构地缘文化关系。其中，器物层面指一切有形可感的文化及相关的物质体现；[⑤]可以说，最初的地缘文化交流，总是表现为"代表

------

① 梁启超：《梁启超选集》，上海：上海人民出版社，1984 年，第 833～834 页。

② 参见[英]马凌诺斯基著，费孝通译：《文化论》，上海：商务印书馆，1946 年。

③ 林毅夫：《经济发展与中国文化的复兴》，《北京大学学报（哲学社会科学版）》2009 年第 3 期，第 6 页。

④ 吴文藻：《论文化表格》，载吴文藻：《吴文藻人类学社会学研究文集》，北京：民族出版社，1990 年，第 194 页。

⑤ 器物，指工具及货物。《汉书·食货志下》："敢私铸铁器鬻盐者，釱左趾，没入其器物。"参见徐复等编：《古代汉语大词典》，上海：上海辞书出版社，2007 年。

某种文化的、双方之间进行交换的器物上"。[①]器物层面的地缘文化关系在很大程度上取决于与之相应的地缘经济关系的发展。[②]制度指地缘文化关系发展过程中形成的各种制度和机制,如风俗习惯和生活规范。与器物层面相比,制度层面处于地缘文化关系的中间层;[③]制度层面会随历史发展而不断变更,并将地缘文化关系的器物层面与观念层面联系在一起。随着时间的推移,当特定区域内的行为主体(如国家、族群)之间产生了某种共有的宗教文化或价值观,便会形成观念层面上的地缘文化关系。[④]

---

① 朱振明:《中泰关系发展中的一个亮点:中泰文化交流》,载李一平、刘稚主编:《东南亚地区研究学术研讨会论文集》,厦门:厦门大学出版社,2011年,第501页。

② "地缘经济"(geo-economic)这一学术概念最初由美国学者爱德华·勒特韦克(Edward N. Luttwak)提出。参见 Luttwak, Edward N. , 1998. "From geopolitics to geo-economics:Logic of conflict, grammar of commerce". In Gerard Toal, Simon Dalby, Paul Routledge. The geopolitics reader. London:Routledge, p.128.

③ 制度文化,指人类处理个体与他人、个体与群体关系的文化产物。包括风俗习惯、生活规范、各种制度(经济制度、政治制度、法律制度、教育制度等),以及实行上述风俗习惯、生活规范、各种制度的各种具有物质载体的机构设施,和个体对社会事物的参与形式。制度文化具有鲜明的时代性,个体对于社会事物参与形式反映着不同制度文化的历史发展水平,从不同程度和不同方面把物质文化和精神文化结合在一起。制度文化也具有民族性,它根源于不同民族与自然界做物质交换的特殊方式,影响社会制度发展的某些特点。参见陶西平主编:《教育评价辞典》,北京:北京师范大学出版社,1998年,第39页;顾明远主编:《教育大辞典增订合编本》下,上海:上海教育出版社,1998年,第2041页。

④ 观念文化指"社会意识"或"意识形态"。参见蒋宝德、李鑫生主编:《对外交流大百科》,北京:华艺出版社,1991年,第415页。

## 二、华侨、华人和华裔

有关华侨、华人和华裔的概念界定,笔者赞同庄国土教授的说法,即他们的"使用和流行,实际上反映了海外中国移民及其后裔这一群体的客观社会身份(social status)和主观认同(identity)的发展变化":

> 20世纪50年代中期以前,"华侨"是这一群体最普遍的称谓,反映了这一群体在国内外(尤其是在中国国内)的官方和民间中被视为"侨寓者"、"中国人"、"中国侨民",以及这一群体本身对中国的认同。50年代以后,这一群体中的绝大部分已加入当地国籍,在政治上认同于当地,在文化和族群仪式上认同于华人群体本身,"华人"这一概念也逐渐取代"华侨"这一概念。不少华人在文化、血缘上与当地土著混合,甚至日益趋同于当地土著,逐渐丧失华人的主观认同和客观标识(如外貌、语言、习俗等),这部分人就成了"华裔"。①

## 三、公私合作伙伴关系

本书在构想中国的应对之策时,将"公私合作伙伴关系"(public-private partnership)视为一种可行的、次优的路径。所谓"公私合作伙伴关系",是指基于公共部门与私营部门的优势互补,提供公共物品和服务的一种机制化安排。

公私合作伙伴关系缘于英国。在近现代历史上,1854年苏伊士

---

① 庄国土:《二战以后东南亚华族社会地位的变化》,厦门:厦门大学出版社,2003年,第22页。

运河的建设与运营可谓公私合作伙伴关系的先例。[①]早先,公私合作伙伴关系被视为"一种由公营部门和私营机构共同提供公共服务或进行计划项目的安排。在这种安排下,双方透过不同程度的参与和承担,各自发挥专长,收相辅相成之效"。[②]

后来,公私合作伙伴关系被视为公共产品供给的一种新模式,即"公共与私人部门之间某种持久性合作,双方共同提供产品与服务,分担相关的风险与成本,以及分享资源与利益"。[③]它已在全球范围内得到了广泛的应用。据统计,1985—2011 年,全球基础设施的公私合作伙伴关系的"名义价值"为 7751 亿美元。其中,欧洲占全球的公私合作伙伴关系的"名义价值"的 45.6%,亚洲、澳大利亚占24.2%,美国、加拿大分别占 8.8%、5.8%。[④]如今,公私合作伙伴关系的应用已遍及诸多领域。譬如,治理气候变化、保护生物多样性,以及人道主义援助等。

有关公私合作伙伴关系的界定,在此仅列举对本书启发较大的

---

① 1856 年埃及总督赛义德把开凿运河的租让权给予法国。法国组织国际苏伊士运河公司,利用数十万埃及劳动力,于 1859 年 4 月开工,1869 年 11 月修成。总长 173 公里,宽 160~200 米。1875 年埃及政府为外债所迫,其全部运河股票被英国购买,此后,英国亦参与运河公司的管理。1956 年,埃及宣布将运河收归国有。参见丁建弘、孙仁宗主编:《世界史手册》,杭州:浙江人民出版社,1988 年,第 740 页。

② 李敏仪:《公私营机构合作》,香港:立法会秘书处数据研究及图书馆服务部, 2005 年, http://www. legco. gov. uk/yro4-05/chinese/sec/library/0405rp03c.pdf.

③ Teisman, Geert R. and Klijn, Erik-Hans, 2002. "Partnership arrangements: Governmental rhetoricor governance scheme?". Public administration review, 62(2):197-205.

④ 中国人民银行贵阳中心支行课题组:《政府与社会资本合作在中国的应用》,《金融时报》2016 年 3 月 21 日。名义价值,指商品的货币额定价值、货币(或信用货币)的票面价值,以及资本主义经济关系中有价证券的票面价值等。参见宋涛主编:《〈资本论〉辞典》,济南:山东人民出版社,1988 年,第 428 页。

两例。依据斯图尔特·兰顿(Stuart Langton)的界定,公私合作伙伴关系指政府、企业、第三部门、个别公民在追求实现社群需求上共同合作与分享资源。①哈佛大学教授迈克尔·瑞奇(Michael R. Reich)认为,"公私合作伙伴关系"应涵盖以下三个要素:其一,合作各方至少有一方是营利的私人组织,一方是非营利组织或政府组织;其二,合作的目标是创造社会价值,通常是为社会弱势群体服务;其三,合作方共同分担风险和共享利益。②

尽管学界在表述上有所不同,公私合作伙伴关系的内涵大致包括以下四个方面:其一,公共部门与私人部门之间存在伙伴关系;其二,这种伙伴关系的建立是基于满足公共需求的契约;其三,保证"公"、"私"合作提供公共需求项目的实现,需要有长期的、有效的公共政策或制度的规范;其四,"公"、"私"合作的基础是风险共担、利益共享,从而实现资源的有效配置,达到理想的政策效果。③

## 第四节　研究方法

在方法论上,本书遵循马克思主义唯物史观:

经济基础决定上层建筑的产生、性质和发展方向。经济基础是根源,上层建筑是由经济基础派生出来的;有什么样的经济基础,就会有什么样的上层建筑;经济基础发生了变化,上层建筑或迟或早也必然要发生变化。另一方面,上层建筑对经济基础有反作用,它为自己的经济基础服务,帮助自己经济基础的形

---

① Langton, S., 1983. "Public-private partnerships: Hope or hoax?". National civic review, 72: 256-261.

② Reich, Michael R., 2002. Public-private partnerships for public health. Cambridge: Harvard University Press.

③ 中国人民银行贵阳中心支行课题组:《政府与社会资本合作在中国的应用》,《金融时报》2016年3月21日。

成、巩固和发展。①

根据马克思主义唯物史观,本书认为地缘文化不能脱离其地缘经济基础。在地缘文化的三个基本层面中,器物层面由地缘经济创造,并为地缘文化的制度、观念层面奠定了存续和发展的物质基础。②

考虑到地缘文化关系及其主要变量难以被量化,本书还借鉴了后实证主义(post-positivism)的情景分析法。后实证主义从批判现实主义(critical realism)出发,主张事物是客观存在的,不以人的主观意识而有所改变。同时,由于人的能力有限,不可能了解所有的事实。后实证主义的情景分析法摒弃了认知者与被认知者二元对立的定式,强调研究的变量所处的社会、文化背景。有鉴于此,本书着眼于中国与中南半岛国家地缘文化关系的情景特殊性(context-specific),并将所要研究的问题放在现实的情景中去分析和考虑,这有助于提升本书解释与解决问题的能力。

在具体的研究方法上,本书还采用了文献分析法,侧重于有关中国与中南半岛国家地缘文化关系的中文史料,比如历代正史、官方文书、史地著作、地方志、游记、回忆录和杂史等。同时,兼顾相关的英文、泰国语的文献和资料。

# 第五节　内容构架

本书分为九章。第一章为绪论,概述了本书的研究目的、概念定义和研究方法等。在接下来的一章里,本书分析了影响中国与中南半岛国家地缘文化关系的四个要素,即华侨华人、跨界民族、跨境通

---

① 刘佩弦主编:《马克思主义与当代辞典》,北京:中国人民大学出版社,1988年,第41页。

② 陈锴:《试析中国与中南半岛国家地缘文化关系面临的挑战及应对之策》,《国际政治研究》2012年第1期,第165页。

道与佛教文化。本书的第三章至第六章,分析中国与中南半岛国家
地缘文化关系经历的四个历史发展阶段,即形成期、发展期、平缓期
与成熟期。第七、第八章分析了中国与中南半岛国家地缘文化关系
当前面临的主要挑战,继而探讨中国可行的应对之策。本书的最后
一章(第九章)总结了主要的研究发现,并对未来该课题的研究趋势
加以展望。

# 小　　结

　　接下来的一章,要分析中国与中南半岛国家地缘文化关系中的
四个要素,即华侨华人、跨界民族、跨境通道和佛教文化。

# 第二章

# 中国与中南半岛国家
# 地缘文化关系中的四个要素

　　本章分析了中国与中南半岛国家地缘文化关系中的四个要素（即华侨华人、跨界民族、跨境通道和佛教文化），及其在历史上对地缘文化关系的三方面影响，即以华侨华人与跨界民族为依托，以跨境通道为纽带，以佛教文化为黏合剂。接下来，本章会分别加以阐析。

## 第一节　以华侨华人、跨界民族为依托

### 一、华侨华人

　　目前，在中国之外的全球华侨华人总数约 4543 万人，其中东南亚地区华侨华人的人口约占全球华人的 73%。[①]对于中国与中南半岛国家地缘文化关系而言，华侨华人始终具有不可估量的战略价值。回溯历史，不难发现，"一向都是人民的交往为先，两国使者的往来在后"。[②]换言之，中国和中南半岛国家形成地缘文化关系的历史，与华侨华人移居中南半岛国家的历史同样久远。

---

　　① 谢诗坚：《再论中国侨务政策——答庞萱君》，《南洋商报》2016 年 4 月 4 日。

　　② 朱杰勤：《东南亚华侨史》，北京：高等教育出版社，1990 年，第 8 页。

　　首先,在器物文化层面上,华侨华人的贡献是不可磨灭的。正是通过他们,当时中国先进的生产工具和生产技术传入了中南半岛国家,推动了当地的社会、文化发展。比如,中国的犁、水车和水磨在中南半岛国家得到了广泛应用。[①]同时,中国的珠算及其用法也传入了暹罗(泰国)与柬埔寨等中南半岛国家。[②]历史上,暹罗曾多次向华侨华人学习中国的制陶工艺。14世纪初,暹罗的宋加洛窑已经能够烧制出类似中国浙江龙泉窑的青花瓷器与仿宋陶器。[③]15世纪之后,暹罗民众日常使用的白瓷器、陶土器,在制法上均遵循中国的制陶工艺,其外观也类似于中国瓷器。[④]

　　在越南、泰国、缅甸等中南半岛国家,民众的衣食住行都明显受到中国文化的影响。[⑤]以茶叶为例。茶叶早在公元前1世纪已传入缅甸。缅甸人十分看重茶叶的社会文化功能,不仅将其用于待客、礼佛、节庆喜事,还将其用于调解民事纠纷。[⑥]直到中国的明清时期,中南半岛国家的饮茶习俗"实与中国相差无几,一般属绿茶调饮系统。至于以茶佐餐,以茶待客,所造茶馆茶楼,更与中国相仿"。[⑦]此外,中南半岛国家还吸收了中国服饰的特点,形成了别具一格的当地服饰。

---

　　①　张维华主编:《中国古代对外关系史》,北京:高等教育出版社,1993年,第397页;杨保筠:《中国文化在东南亚》,郑州:大象出版社,2009年,第150页。
　　②　杨保筠:《中国文化在东南亚》,郑州:大象出版社,1997年,第86页。
　　③　暹罗古烧制瓷器之场所。据传,由暹罗素可泰王朝的兰甘亨国王在宋加洛创立。该窑烧制的瓷器别具一格。15世纪开始衰落,1460年和1464年两次遭受战争破坏,生产停止。参见朱杰勤、黄邦和主编:《中外关系史辞典》,武汉:湖北人民出版社,1992年,第505页。
　　④　施荣华:《中泰文化交流》,昆明:云南美术出版社,1997年,第20页。
　　⑤　施荣华:《中泰文化交流》,昆明:云南美术出版社,1997年,第20页。
　　⑥　王介南、姜义华主编:《中华文化通志·中国与东南亚文化交流志》,上海:上海人民出版社,1998年,第129页。
　　⑦　王介南、姜义华主编:《中华文化通志·中国与东南亚文化交流志》,上海:上海人民出版社,1998年,第131页。

又比如,缅甸人的服饰及缝纫方法与中国颇为相似。缅甸男子的上衣很像中国的旧式马褂,而缅甸女子的紧身上衣和筒裙,与中国西双版纳女子的服饰并无二致。[①]

再比如,暹罗的拉玛三世时期,中式糕点随着华侨华人传入该国。由于中式糕点深受当地民众喜爱,以至于暹罗政府对中国糕点征税,并在官方颁布的《皇家税则》中对此类食品做过详尽的记述。中式糕点的传入,对暹罗人的婚俗产生了直观的影响。如今,在泰国人的婚礼仪式中,通常要摆放月饼、云片糕、方形花生糖和方形芝麻糖等中式糕点,喻示着新婚夫妇的婚后生活甜甜蜜蜜。[②]

在与中南半岛国家的文化交流中,华侨华人也对中国的器物文化产生了一定的影响。以水稻为例。据史料记载,自先秦时代之后,华侨华人将中国的稻种及稻作技术传入了越南、泰国、缅甸等地。[③]同时,他们从越南引进了优良的水稻品种,以提高产量。比如,在宋真宗在位时,江淮、两浙地区(今安徽、江苏、浙江省)出现过旱情。宋真宗派遣官员到福建取万斤名为"占城稻"的水稻种子,在这些遭遇旱情的地区种植。占城是一个古国名,位于现今越南的中南部。[④]后来,这种水稻在江淮、两浙地区深受欢迎。比如,苏州、湖州部分地区种"占城稻"后,一年可以两熟,产量大增,当时有"苏湖熟,天下足"的谚语。[⑤]

---

①　杨保筠:《中国文化在东南亚》,郑州:大象出版社,1997年,第139页。

②　朱振明:《中泰关系发展中的一个亮点:中泰文化交流》,《东南亚南亚研究》2010年第4期,第2页。

③　张维华主编:《中国古代对外关系史》,北京:高等教育出版社,1993年,第53页。

④　罗竹风主编:《汉语大词典·第一卷》,北京:汉语大词典出版社,1990年,第989页。

⑤　参见《宋会要辑稿》,第121册。占城在今越南中南部,当地所植水稻,耐旱,耐涝,早熟,生长力强。宋以前已传入福建地区。参见王家范、谢天佑主编:《中华古文明史辞典》,杭州:浙江古籍出版社,1999年,第317页。

　　其次,在制度层面上,华侨华人有力地推动了中国与中南半岛国家之间的文化融合。例如,随着华侨华人的迁入,中南半岛各国的语言中出现了大量的汉语借词。其中,在泰国语每千字中至少有 300 个汉语借词。[①]与此同时,泰语还吸收了中国的方言词汇,比如客家话、潮州话和海南话等。[②]在越南,13 世纪之前,该国唯一的通用语是汉语。[③]至今,越语词汇中保留的汉语词或源于汉语的词,约占越语词汇总数的 1/2。[④]在老挝语中,汉语借词多为生活用语、动植物名称和人物称谓等。[⑤]柬埔寨语借用汉语中的潮州话、粤语和闽南语的词汇。缅语中的汉语借词,则以"饮食、服饰、菜蔬、工具等方面的词汇居多"。[⑥]据统计,马来语中的汉语借词有 1000 多个,而汉语中的马来语借词仅有 200 多个。[⑦]

---

[①]　孔远志:《中国与东南亚文化交流的特点》,《东南亚之窗》2009 年第 1 期,第 41 页。

[②]　王介南:《中国与东南亚文化交流志》,上海:上海人民出版社,1998 年,第 149～150 页;客家话,汉语七大方言之一,在客家先民由北向南迁徙过程中逐渐形成。参见岭南文化百科全书编辑委员会:《岭南文化百科全书》,北京:中国大百科全书出版社,2006 年,第 135 页。

[③]　陈玉龙等:《汉文化论纲》,北京:北京大学出版社,1993 年,第 370 页。

[④]　马树德编著:《中外文化交流史》,北京:北京语言文化大学出版社,2000 年,第 147 页。

[⑤]　颂赛:《老挝语中的外来语》,《东南亚纵横》1990 年第 3 期,第 30～31 页。

[⑥]　王介南:《中国与东南亚文化交流志》,上海:上海人民出版社,1998 年,第 149～150 页。

[⑦]　陈衍德:《论当代东南亚华人文化与当地主流文化的双向互动》,载郭梁主编:《21 世纪初的东南亚社会与经济》,厦门:厦门大学出版社,2003 年,第 528 页。

## 二、跨界民族

在本书中,跨界民族(cross-border ethnicity)是指,"历史上形成的而现在分布在两个或两个以上国家并在相关国家交界地区毗邻而居的同一民族"。[①]一直以来,跨界民族是中国与中南半岛国家(尤其是越南、缅甸和老挝)发展地缘文化关系的另一个重要依托,为文化在中国与这些国家间的传播和交流提供了较大的便利。如今,在中国的西南边境地区,中国与邻国在跨界民族的归属上没有明显的利益冲突点,而加强文化交流更是"这一地区的压倒性主题"。[②]

据考证,中南半岛的民族几乎都是从中国南方迁徙而来的。[③]在民族迁徙的历史过程中,中国的西南边境地区相继形成了将近 20 个跨界民族,其中包括壮族、苗族、彝族、瑶族、傣族、哈尼族、傈僳族、拉祜族、佤族、景颇族、布朗族、阿昌族、布依族、怒族、京族、德昂族和独龙族等。[④]从这些跨界民族聚居区的地缘布局来看,苗族、瑶族、佤族、傈僳族、怒族多数定居在高山区,拉祜、哈尼、景颇等民族多数住在半山区,傣族、壮族和布依族主要居住在河谷平坝与丘陵地带。[⑤]

---

① 刘稚:《中国—东南亚跨界民族发展研究》,北京:民族出版社,2007 年,第 11 页。

② 李河:《抓住主要矛盾、转变政策思路建设西南边境地区文化纽带》,载国家民族事务委员会文化宣传司、中国社会科学院文化研究中心编:《中国少数民族文化发展报告(2014—2015)》,北京:社会科学文献出版社,2015 年,第 51 页。

③ 申旭:《中国西南对外关系史研究——以西南丝绸之路为中心》,昆明:云南美术出版社,1994 年,第 75~76 页。

④ 李河:《抓住主要矛盾、转变政策思路建设西南边境地区文化纽带》,载国家民族事务委员会文化宣传司、中国社会科学院文化研究中心编:《中国少数民族文化发展报告(2014—2015)》,北京:社会科学文献出版社,2015 年,第 55 页。

⑤ 刘稚:《中国—东南亚跨界民族发展研究》,北京:民族出版社,2007 年,第 2~3 页。

值得注意的是,部分跨界民族在中国属于少数民族,但是在与中国相邻的中南半岛国家却拥有较多的人口。比如,景颇族在中国有 13 万人,与其同族异名的克钦族在缅甸则有 60 万人;傣族在中国境内有120 万人,与其同族异名的老挝佬族和缅甸掸族分别有 300 万和 420万人。①

从语言学的角度来看,这些跨界民族之间有很深的渊源。其中,彝族、哈尼族、傈僳族、拉祜族、景颇族、阿昌族、怒族和独龙族属于汉藏语系藏缅语族;壮族、傣族和布依族属于汉藏语系壮侗语族;苗族和瑶族属于汉藏语系苗瑶语族;佤族、布朗族和德昂族属于南亚语系。②至于居住在中越边境地区的京族,情况比较特殊,因为该民族使用京语,与越南语基本相同。③

从血缘联系上看,"跨国族内婚姻"在中国西南边境地区的跨界民族中是十分普遍的。④例如,越南的岱族、侬族只与中国的壮族通婚,越南的瑶族只与中国的瑶族通婚;老挝的哈尼族、克木族只与中

---

① 李河:《抓住主要矛盾、转变政策思路建设西南边境地区文化纽带》,载国家民族事务委员会文化宣传司、中国社会科学院文化研究中心编:《中国少数民族文化发展报告(2014—2015)》,北京:社会科学文献出版社,2015 年,第55 页。

② 中国大百科全书总编辑委员会:《民族百科全书》,北京:中国大百科全书出版社,1994 年,第 2、38、113、166、181、282、354、409、473 页;王伯恭主编:《中国百科大辞典 5》,北京:中国大百科全书出版社,1999 年,第 3758 页;贵州百科全书编辑委员会:《贵州百科全书》,北京:中国大百科全书出版社,2005年,第 343、346 页;中国辞典编写组:《中国辞典》,北京:五洲传播出版社,2008年,第 37、43~44 页。

③ 中国辞典编写组:《中国辞典》,北京:五洲传播出版社,2008 年,第45 页。

④ 范宏贵:《华南与东南亚相关民族》,北京:民族出版社,2004 年,第317 页。

国的哈尼族、克木人通婚。①另据研究,中国西南边境地区的另一个跨界民族——德昂族,也遵循不与外族通婚的传统。直到现在,该民族的多数人"仍将择偶的范围限定在本民族之内,甚至有的还不能超出同支系的范围"。②

除了共同的语言与血缘联系之外,这些跨界民族在很大程度上还保留着与其同族异名的民族相同的文化特征。比如,他们在饮食习惯和器具等方面有许多共通之处。另外,据申旭研究,老挝的历法与傣族、壮族等跨界民族十分近似:

> 和老挝共同使用天干地支纪年、纪日,并且在天干、地支代称的叫法上、语音上非常近似的有中国云南省的傣族和广西的壮族,越南北方的傣族、泰族(这一地区原叫西双诸泰)以及泰国北部清迈一带(古时称兰那国)。③

更重要的是,这些跨界民族中的多数拥有共同的佛教信仰。可以说,佛教不仅在其精神生活与社会生活中占据着极为重要的地位,更是它们最具代表性的文化共性。目前,在云南省西双版纳傣族自治州、德宏傣族景颇族自治州、临沧市、普洱市、保山市和红河哈尼族彝族自治州等边境地区,居住着数百万的傣族、布朗族、德昂族、阿昌族

---

① 周建新:《中越中老跨国民族及其族群关系研究》,北京:民族出版社,2002 年,第 234、236 页;克木人,主要分布在越南、老挝、泰国,属蒙古人种南亚类型。参见王伯恭主编:《中国百科大辞典 4》,北京:中国大百科全书出版社,1999 年,第 3006 页。

② 黄光成:《跨界民族的文化异同与互动——以中国和缅甸的德昂族为例》,《世界民族》1999 年第 1 期,第 26 页;德昂族,中国的少数民族。1985 年 9 月前统称崩龙,1985 年 9 月经国务院批准,改称为德昂族。散居于云南省德宏傣族景颇族自治州及保山、临沧、思茅地区所辖各县。信仰小乘佛教中的润教派。参见中国大百科全书总编辑委员会:《民族百科全书》,北京:中国大百科全书出版社,第 65 页。

③ 申旭:《老挝史》,昆明:云南大学出版社,2011 年,第 39 页。

和佤族等跨界民族,他们或全民,或部分信仰南传佛教。[①]在这些跨界民族的聚居地,南传佛教的寺院经济和村社经济是紧密相连的。可以说,南传佛教没有"独立运行的寺院经济体系"。南传佛教的僧侣"不事生产",而"寺院经济几乎完全取决于所在村寨的经济状况"。[②]

这些信奉南传佛教的跨界民族,普遍遵循佛教的"四谛"[③]、

---

[①]　章立明、赵玲、张振伟等:《南传佛教佛寺管理者的现状》,《中国民族报》2016 年 3 月 1 日。

[②]　赵世林、陈燕、王玉琴:《南传上座部佛教与边疆民族地区和谐社会构建》,《西南民族大学学报(人文社会科学版)》2012 年第 12 期,第 100 页。佛教戒律规定,僧尼不准从事耕地种植、买卖经商、养蚕纺织等劳作。佛教传入中国之后,僧侣享有免缴租赋的特权,经济上也有自治权,寺院财产作为"法外之地"的公有财产代代相传。寺院经济是在封建帝王培植下发展起来的,一旦与国家的政治、经济利益发生矛盾,便受到封建帝王的控制与打击。自唐代中期开始,僧侣的特权逐渐丧失,开始承担户税、杂徭等负担,宋代以后寺院僧侣则与平民百姓一样,要负担起各种赋役,但寺院经济作为佛教教团的财产却依旧代代相传。参见方广锠主编:《中国佛教文化大观》,北京:北京大学出版社,2001 年,第 183～184 页。

[③]　佛教术语。亦称"四圣谛",即苦谛、集谛、灭谛、道谛。苦谛是说人生世界皆如苦海,具体的有:生苦、老苦、病苦、死苦、怨憎会苦、爱别离苦、求不得苦、五盛阴苦。集谛是说造成人生世界苦痛的原因,即由烦恼而造业,由造业而招惑。灭谛是说解脱苦果的可能,明了集谛之理,断除烦恼之业,即可脱去众苦。道谛是说道是灭苦的方法,修持八正道,即可灭除众苦,而获得涅槃解脱之果。参见任道斌主编:《佛教文化辞典》,杭州:浙江古籍出版社,1991 年,第307 页。

"十二因缘"①等基本论说,修持"八正道"。②这些跨界民族的绝大多数男子,自幼童时起,必须时间不等地出家为僧,而后多数还俗,少数则终身为僧。③对于他们而言,出家经历"不仅证明个人的道德价值,而且证明了个人的意志力量",即"内观自我、反省自身的意志能力,可以克服不良的习惯倾向"。④

　　以信奉南传佛教的人口最多的傣族地区为例。在西双版纳历史最悠久的佛寺——瓦巴姐寺中藏有一部佛经。据该佛经记载,该寺建于 615 年。换言之,最晚在 7 世纪之前,南传佛教已从缅甸,或经

---

　　①　佛教术语。亦称"十二因缘"、"十二缘起"。指:(1)无明,即不懂得佛教"缘生法"之理,而引起的愚昧无知。(2)行,即因无明而产生的种种不善行为。(3)识,即投胎之时的心识。(4)名色,即胎儿在母体内成长为有认识器官的精神与物质状态。(5)六入,即眼、耳、鼻、舌、身、意生长完备状态。(6)触,指胎儿出世后开始接触事物。(7)受,指人生过程中感受到客观环境所引起的苦、乐、悲等。(8)爱,指人生追求的贪念等。(9)取,指由贪欲而引起的接触色、香、味、触等。(10)有,指由贪等欲望引起的有善不善等行为。(11)生,即来世之再生。(12)老死,指衰老与死亡。参见任道斌主编:《佛教文化辞典》,杭州:浙江古籍出版社,1991 年,第 318 页。

　　②　佛教教义。亦称八支正道、八支圣道或八圣道。意谓达到佛教最高理想境地(涅槃)的八种方法和途径:(1)正见。正确的见解,亦即坚持佛教四谛的真理;(2)正思维。又称正志,即根据四谛的真理进行思维、分别;(3)正语。即说话要符合佛陀的教导,不说妄语、绮语、恶口、两舌等违背佛陀教导的话;(4)正业。正确的行为。一切行为都要符合佛陀的教导,不做杀生、偷盗、邪淫等恶行;(5)正命。过符合佛陀教导的正当生活;(6)正方便。又称正精进,即毫不懈怠地修行佛法,以达到涅槃的理想境地;(7)正念。念念不忘四谛真理;(8)正定。专心致志地修习佛教禅定,于内心静观四谛真理,以进入清净无漏的境界。八正道中最根本的一道是正见,即坚定不移地信奉佛教的教义,而其余七道则都是在正见的基础上进行精进不懈的修行。参见中国大百科全书总编辑委员会:《宗教百科全书》,北京:中国大百科全书出版社,1994 年,第 13 页。

　　③　任继愈主编:《佛教大辞典》,南京:江苏古籍出版社,2002 年,第227 页。

　　④　李晨阳:《佛教在当代泰国政治中的作用》,《东南亚》1996 年第 1 期,第 37 页。

由缅甸传入傣族地区。①

在傣族地区,长久以来,6岁以上的傣族男童必须出家为僧,在佛寺教育学习文化知识,长大成人后才能得到傣族社会的承认与尊重。②"村寨佛寺"里收藏了傣文书籍,除了佛经,还有关于傣族历史、语言、文学等书籍。僧侣的言行说教"在傣族群众中具有很大影响力"。③南传佛教主要分为以下四个支派,即润派、摆奘派、朵列派、左抵派。④据考证,这四个支派的特征与地缘分布各有不同:

> 润派约于15世纪成规模传入西双版纳,现今在西双版纳、德宏、临沧、普洱等地均有分布。信仰润派的主要(信众)是傣族,另有布朗族、德昂族和部分克木人。润派的佛寺原建于山野,离村寨较远,平时无固定的信众前往布施,全靠僧侣每天外出化缘。……摆奘派派主要在云南德宏流传,为傣族、阿昌族、德昂族群众所信仰。摆奘派的经典与润派相似,主要供奉释迦牟尼佛、弥勒佛和观音菩萨。……朵列派主要在德宏州瑞丽市和盈江县、临沧市的耿马傣族佤族自治县等傣族聚居区流传。该派戒律严格,僧侣严守教规。……左抵派僧侣遵守戒律最严,素食,不杀生,不捉鱼摸虾,过着苦行僧的生活。⑤

随着时间的推移,在村寨佛寺形成了具有南传佛教特色的"康

---

① 净慧主编:《南传佛教史简编》,北京:中国佛教协会,1991年,第186页。

② 申旭、刘稚:《中国西南与东南亚的跨境民族》,昆明:云南民族出版社,1988年,第87页;郑琼:《南传佛教对西双版纳地区傣语传承之影响》,载廖旸:《宗教信仰与民族文化》第4辑,北京:社会科学文献出版社,2012年,第309~310页。

③ 《法治宣传延伸到每个边境村寨》,《法制日报(电子报)》2016年3月31日。

④ 杨秀蓉:《南传佛教在云南的传播与发展》,《中国民族报》2014年4月8日。

⑤ 杨秀蓉:《南传佛教在云南的传播与发展》,《中国民族报》2014年4月8日。

朗"和"波章"制度。在西双版纳傣族地区,男童出家为僧,如果到 20岁仍不还俗,经本寺长老主持晋升仪式就可以升格为"都比"。"都比"还俗后,被称为"康朗",傣语称之为"kanan"。"康朗"具备较丰富的佛学知识与傣族传统文化知识。每个傣族村寨都有一位"波章",意思是"邀请和尚念经的人",即信众的代表。[1]唯有品行端正、能力出众的"康朗"才能被推选为"波章",负责组织和管理宗教事务,比如,在佛教仪式活动中承担着仪式主持人的角色,协助僧侣教化信众。[2]在部分跨界少数民族地区,比如"德宏的阿昌族和德昂族地区",在某种程度上"波章"甚至"具有神圣的权威性"。[3]作为佛寺培养的知识精英群体,"康朗"和"波章"在南传佛教社群中占有十分重要的地位。

## 第二节　以跨境通道为纽带

在中国与中南半岛国家之间,水、陆跨境通道的开辟与贯通,"首先由民间商旅往来,以有易无,逐渐形成商贸点,点与点连接而形成交通线"。[4]或者说,"在陆上交通路线的开辟中,人民群众是起了先驱作用的。同样,海上交通的开辟也首先是由民间贸易交往开始的,不过没有被文字记载下来"。[5]自汉晋时期至今,中国与中南半岛国家之间就存在着两大水、陆跨境通道,即西南丝绸之路与海上丝绸之

① 谢玉婷:《独特的"康朗"》,《中国民族报》2015 年 6 月 9 日。
② 刀述仁:《重视南传佛教文化的复兴与研究》,《中国民族报》2015 年 10月 20 日。
③ 郑筱筠:《"成长的烦恼"——转型时期中国南传佛教管理之困境》,《世界宗教研究》2015 年第 4 期,第 11 页。
④ 宋蜀华:《论西南丝绸之路的形成作用和现实意义》,《中央民族大学学报》1996 年第 6 期,第 6 页。
⑤ 梁志明:《源远流长,多元复合:东南亚历史发展纵横》,北京:世界图书出版公司,2014 年,第 328 页。

路。以它们为纽带,中国与中南半岛国家的地缘文化关系得到了长
久、稳固的发展。

## 一、西南丝绸之路

"西南丝绸之路不是一条道路,而是一个对外沟通的交通网
络。"[①]换言之,"西南丝绸之路应该是直到近现代以前,西南地区外
向交通通道的统称"。[②]因此,本书研究的"西南丝绸之路",实际上是
一个连通中国西南地区与中南半岛国家的陆路跨境通道网络。

关于西南丝绸之路的文献记载,始见于公元前 2 世纪的西汉中
期。[③]"大约与《史记·西南夷列传》、《史记·大宛列传》里所记'蜀身
毒道'相合。"[④]据考证,"蜀身毒道"以滇池地区为枢纽,北通成都,西
经大理、保山、腾冲入缅甸至印度。[⑤]作为西南丝绸之路中最早的一
条跨境通道,"蜀身毒道"在中国境内由五尺道、零关道和永昌道三条
道路连接而成。出境以后,由现今缅甸北部的掸邦高地经曼尼坡进

---

① 黄光成:《西南丝绸之路是一个多元立体的交通网络》,《中国边疆史地
研究》2002 年第 4 期,第 68 页。

② 黄光成:《西南丝绸之路是一个多元立体的交通网络》,《中国边疆史地
研究》2002 年第 4 期,第 66 页。

③ 罗二虎:《汉晋时期的中国"西南丝绸之路"》,《四川大学学报(哲学社
会科学版)》2000 年第 1 期,第 94 页。

④ 张弘:《从西南丝绸之路的线路节点研析其功能及需求》,《学术探索》
2015 年第 7 期,第 117 页。

⑤ 蜀身毒道是古道路名。汉时自四川(蜀)经云南、缅甸至印度(身毒)的
道路。亦称中印缅道。参见朱杰勤、黄邦和主编:《中外关系史辞典》,武汉:湖
北人民出版社,1992 年,第 425 页。五尺道从成都东南起,沿水路至宜宾,经昭
通、曲靖、昆明到大理;灵关道由成都经雅安、凉山和楚雄。与正尺道在大理汇
合后一路往西,称为永昌道;永昌道出大理,经保山、腾冲到缅甸、印度等地;参
见申旭:《中国西南对外关系史研究:以西南丝绸之路为中心》,昆明:云南美术
出版社,1994 年,第 6 页。

入印度。①由于这条跨境通道"始于丝织业发达的成都平原,最终到达缅甸和印度并以沿途的丝绸商贸著称",因此也被历史学家称为"西南丝绸之路"或"南方丝绸之路"。②对此,季羡林曾在其著述中加以佐证:

> 古代西南,特别是成都,丝业茂盛,这一带与缅甸接壤,一向有交通,中国输入缅甸,又通过缅甸输往印度的丝的来源,不是别的地方,就正是这一带。③

据方国瑜的研究,"蜀身毒道"是中国与中南半岛国家的地缘经济、文化关系发展到一定阶段的产物:

> 在这地区甲地与乙地之间的居民有往还,开辟了一段路,乙地与丙地之间,丙地与丁地之间也如此连贯起来,开成一条漫长的交通线,这条线是人走出来的,而且是在一定的社会条件下走出来的,所以,这条交通线的开辟,可以了解西南地区各部族社会经济、文化发展到一定的阶段,各地部族要求与邻境交换生产品,相互往还频繁,开辟了道路。④

据考证,西南丝绸之路的开辟,最早可追溯到先秦时期。公元前250年,秦孝文王任命李冰为蜀郡守,开通僰道(宜宾)水路。秦始皇时期,开凿了僰道经朱提(昭通)至郎州(曲靖)的通道——"五尺道"。自汉武帝建元六年(公元前135年)起,汉朝两度派遣唐蒙开通南夷

---

① 陆韧:《云南对外交通史》,昆明:云南民族出版社,1997年,第27~28页。

② 谢彪:《西南丝绸之路——佛教文化最早直接传入中国的通道》,《福建论坛(社科教育版)》2008年专刊,第81页。

③ 季羡林:《中国蚕丝输入印度问题的初步研究》,《历史研究》1955年第4期,第75页。

④ 林超民主编:《方国瑜文集》第一辑,昆明:云南教育出版社,1994年,第44页。

道至曲靖,在秦代"五尺道"的基础上进行扩建改造。①

　　具体而言,西南丝绸之路的基本走向如下所述:

　　　　西南丝绸之路始于成都平原,南下大致有3条干线,第一条经今四川西昌、云南大理、云南德宏入缅甸北部,经过今印度北部辗转达地中海沿岸,可称"成都经西昌、大理入缅甸至印度道路"。第二条经今四川西昌、云南大理、云南德宏入缅甸北部达杰沙(元代称江头城),走水路或陆路沿伊洛瓦底江至孟加拉湾出海,再转达地中海沿岸,可称"成都经大理入缅甸沿伊洛瓦底江出海道路"。第三条经今四川宜宾、云南昆明和云南蒙自至越南河内,再经海防出海达地中海沿岸,可称"成都经宜宾、昆明、蒙自至越南北部出海道路"。②

　　西南丝绸之路还为传播佛教提供了便利。据考证,这至少可以追溯至公元前3世纪初。有学者认为,得益于丝绸贸易,印度佛教由西南丝绸之路传入中国的时间比佛教经北方丝绸之路传入中国的时间"早了3个世纪"。③隋唐时,在汉晋时期"蜀身毒道"的基础上又开辟了"蜀天竺道"和"安南通天竺道"。④

　　宋代时"蜀身毒道"依然通行。比如,宋熙宁七年(1074年),四川商人杨佐到大理国买马时,在大云南驿(在今祥云县)见驿站前的

---

　　①　四川百科全书编纂委员会:《四川百科全书》,成都:四川辞书出版社,1997年,第628页;秦孝文王,战国时秦国国君,昭襄王之子,名柱。参见张克、黄康白、黄方东编著:《史记人物辞典》,南宁:广西人民出版社,1991年,第216页。

　　②　方铁:《简论西南丝绸之路》,《长安大学学报:社会科学版》2015年第3期,第114页;方铁:《边疆民族史新探》,北京:知识产权出版社,2013年。

　　③　郭来喜:《连结中原与南亚的西南古道》,《大地地理杂志》1990年第10期。引自张弘:《从西南丝绸之路的线路节点研析其功能及需求》,《学术探索》2015年第7期,第120页。

　　④　中华孔子学会编辑委员会:《中华地域文化集成》,北京:群众出版社,1998年,第795～796页。

碑铭有如下记载：

> 东至戎州，西至身毒国，东南至交趾，东北至成都，北至大雪山，南至海上，悉著其道里之详，审询其里堠，多有完葺者。①

其后，云南对内地或周边地区的跨境交通也沿袭这一格局。②明清时期，中国与中南半岛国家之间，"未修建新的陆路干线，仅新通一些支线"。③其中，部分支线是为了给越南、暹罗、缅甸和南掌向清廷进献驯象提供便利。④为了进献驯象开辟的支线，史称"贡象道路"。⑤据《云南通志》卷十六"羁縻"条记载，"贡象道路"可分上、下两路。从明朝开始，这两条跨境通道由中国境内的两个傣族地区（今德宏和景

---

① ［宋］《云南买马记》，李焘：《续资治通鉴长编》卷六十七，"熙宁八年八月庚寅"条注引；大理国，中国古国名。五代至宋时以白族为主体所建立的封建领主政权。辖今云南全境、四川西南部等地，分八府、四郡、三十七部。农业、畜牧业、手工业及冶金技术与汉族水平接近。其主曾受宋王朝册封，并不断向王朝称臣纳贡和要求互市。吸收汉族先进文化，统治集团通用汉文，盛行佛教。南宋宝祐元年（1253年），元世祖南征云南，翌年末代主段兴智被执遂亡。传二十二主，共三百一十八年。参见陈永龄主编：《民族词典》，上海：上海辞书出版社，1987年，第41~42页。

② 中华孔子学会编辑委员会：《中华地域文化集成》，北京：群众出版社，1998年，第795~796页；值得注意的是，1285年，元朝在自今广西南宁经越南河内，到达越南中部的通道上设置驿站，其后中南半岛南部各国与中国内地的陆路交通，主要通过云南，改为走经越南与中国广西北上的道路。参见方铁：《边疆民族史探究》，北京：中国文史出版社，2005年，第477页。

③ 方铁：《边疆民族史探究》，北京：中国文史出版社，2005年，第477页。

④ 何新华：《清代东南亚国家贡象研究》，《东南亚研究》2011年第1期，第79页。

⑤ 方铁：《简论西南丝绸之路》，《长安大学学报（社会科学版）》2015年第3期，第119页。

洪)向境外延伸,通往中南半岛各国。[①]

> 上路由永昌(今保山、德宏)过蒲缥、腾冲,西南行至南甸(今梁河县)、干崖(今盈江县)、陇川(今陇川县)三宣抚司。自陇川十日至孟密,二日至宝井,又十日至缅甸(指阿瓦王朝都城),又十日至洞吾(指明时缅甸东吁王朝早期首都东吁),又十日至摆古(即勃固,明时缅甸东吁王朝后期的首都);下路由云南景东至车里宣慰司(今西双版纳景洪),由此西南行八日至八百媳妇宣慰司(今泰国清迈),又东南行一月至老挝宣慰司(今老挝琅勃拉邦),再西行十五六日至西洋海岸摆古(今缅甸勃固),与上路合。[②]

由此可知,"贡象道路"的上路将中国与当时缅甸境内的三个王朝的首都连通起来;与此同时,"贡象道路"的下路把中国与暹罗、老挝、缅甸三国连接在一起。[③]当时,由老挝、泰国北部经云南进入中国内地的陆路主要是"贡象下路"。[④]

可以说,"西南丝绸之路在不断地发展和变化、不断地拓展和向前延伸",在中国的封建王朝时期,"中国西南地区所有的对外交往通

---

① 陈炎:《海上丝绸之路与中外文化交流》,北京:北京大学出版社,1996年,第 242 页;德宏,地名。现云南德宏傣族景颇族自治州。傣语音译,"德"意为"下面","宏"意为"怒江"(潞江),合称"怒江下游",泛指今潞西、瑞丽、盈江、梁河、陇川一带傣族地区。景洪,又名允景洪。今云南,西双版纳傣族自治州首府。参见高文德主编:《中国少数民族史大辞典》,长春:吉林教育出版社,1995 年,第 2517 页;蒋风主编:《新编文史地辞典》,杭州:浙江人民出版社,1990 年,第 645 页。

② 《云南通志》,通行本为光绪二十年(1894 年)刻本。

③ 陈炎:《海上丝绸之路与中外文化交流》,北京:北京大学出版社,1996年,第 242 页。

④ 方铁:《边疆民族史探究》,北京:中国文史出版社,2005 年,第 475 页。

道,都应包括在'西南丝绸之路'的空间范围之内"。[①]作为一个持续发展的跨境通道,西南丝绸之路为近现代中国与中南半岛国家之间的铁路和公路的贯通奠定了基础。比如,近现代修筑的滇越铁路、滇缅公路、中印公路和成昆铁路,均与西南丝绸之路的走向相吻合。[②]时至今日,连通中国西南地区与中南半岛国家的诸多公路与铁路,大体也是沿着西南丝绸之路的路线行走。

## 二、海上丝绸之路

连通中国与中南半岛国家的海上丝绸之路,属于中国古代海上交通主干线的一部分。据学者研究,中国古代海上交通主干线分为"东海起航线"与"南海起航线":

> (1)东海起航线又分北线和南线。北线自登州(今山东蓬莱)或莱州(今山东掖县)起航,北越渤海,经百济(今朝鲜)、对马、壹岐等岛,抵日本博多(今北九州)、难波(今大阪);南线自楚州(今江苏淮安)、扬州、越州(今浙江绍兴)、明州(今浙江宁波)等地起航,横渡东海直抵日本各地;(2)南海起航线又分西线和东线。西线自雷州半岛或广州起航,过南海,经今越南、柬埔寨、泰国、马来西亚(分支经菲律宾、印度尼西亚各地),横穿马六甲海峡,再经缅甸、印度、斯里兰卡、巴基斯坦、伊朗、阿拉伯至非洲东海岸各国,支线进入红海和波斯湾,可抵西南亚诸国;东线自广州、泉州或漳州月港起航直抵菲律宾首府马尼拉,再横渡太平洋到北美洲墨西哥的阿卡普尔科港,然后分别往南美洲的秘鲁、

①　申旭:《中国西南对外关系史研究》,昆明:云南美术出版社,1994年,第9页。

②　中华孔子学会编辑委员会:《中华地域文化集成》,北京:群众出版社,1998年,第795~796页。

智利、阿根廷,以及中美洲加勒比海地区诸国。①

由此可知,连通中国与中南半岛国家的海上丝绸之路,属于"南海起航线"的西线。究其历史,缘于中国的西汉时期。当时,由于马来半岛各国与中国互通香料及丝绸,而且"以后越来越频繁,丝绸和香料的实用价值越来越大"。久而久之,往来于中国与中南半岛国家之间的诸多海上跨境通道,被统称为"海上丝绸之路"或"海上香料之路"。②

其间,许多佛教僧侣纷纷借道海上丝绸之路,"东来译经和布道"。③南北朝时期,往来于这条跨境通道的中外僧人有"智严、昙无竭、道普、佛驮跋陀罗、求那跋摩、求那跋陀罗、僧伽婆罗、拘那罗陀(真谛)、须菩提等人"。④另据义净《大唐西域求法高僧传》和《南海寄归内法传》记载,唐代西行求法僧共 60 多人:

> 并州常愍及弟子,益州明远、义朗、智岸、义玄、会宁,交州运期、木叉提婆、窥冲、慧琰,爱州智行、大乘灯,高昌彼岸、智岸,洛阳昙润、义辉、智弘,荆州道琳、昙光、慧命、无行、法振、乘悟,润州玄逵,襄阳灵运,澧州僧哲、大津,梁州乘如、贞固、道宏、法朗等人。⑤

其中,"义净是中国佛教史上海路西行求法运动中最为著名的僧

---

① 朱杰勤、黄邦和主编:《中外关系史辞典》,武汉:湖北人民出版社,1992年,第 425 页。

② 周伟民、唐玲玲:《中国与马来西亚文化交流史》,海口:海南出版社,2008 年,第 446~447 页。

③ 巫乐华:《南洋华侨史话》,北京:商务印书馆,1997 年,第 4~8 页。

④ 介永强:《佛教与中古中外交通》,《厦门大学学报(哲学社会科学版)》2010 年第 5 期,第 124 页。

⑤ 介永强:《佛教与中古中外交通》,《厦门大学学报(哲学社会科学版)》2010 年第 5 期,第 124 页。

人,他往返俱循南海海路"。①

　　当时,中国的番禺、徐闻、合浦和交州等地是海上丝绸之路的早期港口。②以合浦为例,公元1—5年,汉朝使节从广西合浦乘船,经越南、柬埔寨,渡暹罗湾,越过克拉地峡,而后乘船至印度。③当时,据《汉书》记载,汉朝使节的行程如下:

　　　　自日南障塞徐闻、合浦,船行可五月,有都元国,又船行可四月,有邑卢没国,又船行可二十余日,有谌离国(在泰国),步行可十余日,有夫甘都卢国(在缅甸),自夫甘都卢国船行可二月余,有黄支国(在印度南部),民俗与珠涯(海南岛)相类。④

　　另有学者依据上述记载,详述了当时汉朝使节的具体行程:

　　　　汉使远航南亚的航期,按常规推算,应在11月趁东北季风自徐闻,即今雷州湾岸的雷州市的海康举帆启程,沿着海岸绕过雷州半岛到合浦,再沿海岸南行到日南障塞,然后再沿中南半岛的海岸到达半岛顶部,向马来半岛直航。这前后经过5个月的航行到达都元国,即今龙运,这时大概在次年的春天3月间。到夏季西南季风起时,又趁风向北航行4个月,到湄南河口的曼谷附近的邑卢没国;然后沿暹罗湾海岸经20多天南航,到克拉地峡的东岸谌离国,弃船登岸,步行十多天,到克拉地峡的西岸夫

---

　　① 介永强:《佛教与中古中外交通》,《厦门大学学报(哲学社会科学版)》2010年第5期,第124页。

　　② 刘庆柱:《"丝绸之路"的考古认知》,《经济社会史评论》2015年第2期,第46页。

　　③ 合浦,广西县名,位于广西北部湾东北岸。汉元鼎六年(公元前111年)设合浦县。东汉至宋代为合浦郡治。1987年始归北海市管辖。汉代,是中国海上丝绸之路始发港之一。宋元时,是中国与越南互市口岸。清乾隆元年(1736年)在此设廉州海关。参见岭南文化百科全书编辑委员会:《岭南文化百科全书》,北京:中国大百科全书出版社,2006年,第18页。

　　④ [西汉]班固:《汉书》卷二十八下,《地理志》,北京:中华书局,1962年,第1671页。

甘都卢国,换船正好再趁北印度洋的东北信风及洋流,沿孟加拉湾的海湾,弯曲地向西南航行 2 个月,到达印度南端的黄支(建支)。回程则自锡兰经马六甲海峡到皮宗后回国。[①]

另据史料考证,海上丝绸之路还可以细分为南、北两线:

> (海上丝绸之路)北线:自日南边塞(出海口在今越南岘港)或徐闻、合浦出发,沿印支半岛南下,船行五月,到都元国(今越南南圻一带),全程 1060 海里,船再行四月,到邑卢没国(今泰国华富里),全程 840 海里,再船行二十余日,到谌离国(遏罗古都佛统),全程约 100 余海里。由谌离国登陆,横越中南半岛,步行十余日,到夫甘都卢国(今缅甸蒲甘地区,与下缅甸直来人居地,包括萨尔温江入海处和仰光一带),全程 300 公里。再船行二月余,到黄支国(今印度东岸建志补罗,出海口为马德拉斯),全程 1728 海里。黄支之南有巳程不国(今斯里兰卡)。……(海上丝绸之路)南线:自黄支出发,船行八月,到达皮宗(今印尼苏门答腊岛西北部一带),全程 1700 海里,再船行二月,经新加坡、西贡,到日南、象林界(今越南岘港),全程 1700 海里。[②]

鉴于汉晋时期中国的航海技术尚不发达,当时的海上丝绸之路有以下两个特征:其一,海上丝绸之路是"一条海陆兼行的航线",由分段航行、沿岸各部族"转送"的方法进行运输;其二,航行"耗时惊人,由海路至印度的往返,整整花费了 20 个月的时间"。[③]从上述的史料分析来看,在中国的航海技术尚不发达时,"海上丝绸之路"在中南半岛国家有两个重要的中继点:其一是"海上的马六甲海峡和巽他

---

① 周伟民、唐玲玲:《中国与马来西亚文化交流史》,海口:海南出版社,2008 年,第 50 页。

② 王伯恭主编:《中国百科大辞典 5》,北京:中国大百科全书出版社,1999 年,第 3895 页;谌离国,古国名。名见《汉书·地理志》卷二十八下"粤地"条。参见朱杰勤、黄邦和主编:《中外关系史辞典》,武汉:湖北人民出版社,1992 年,第 45 页。

③ 陆韧:《云南对外交通史》,昆明:云南民族出版社,1997 年,第 52 页。

海峡",其二是"中南半岛南端的克拉地峡"。①

汉唐时期,中国的对外开拓主要是沿陆路拓展,尤其是西域方向,海洋方向的发展有限。②10—11 世纪,对海上丝绸之路的发展而言,是一个历史性的分水岭。一方面,中国的宋朝在北方的陆路交通,受到辽、金、西夏的阻隔,不得不将其地缘政治中心南移;另一方面,中国的造船与航海技术已取得了长足的发展,汉晋时期利用横越马来半岛的海陆转运路线已被废弃,马六甲海峡由此成为海上丝绸之路中最重要的中继点。③

值得一提的是,历史上曾有过数次开发克拉地峡的动议,均无果而终。比如,暹罗阿瑜陀耶王朝的纳腊萱国王曾计划开凿一条穿越克拉地峡的运河,以便连通泰南地区东西两侧的泰国湾与安达曼海。这一提案在曼谷王朝五世王时期再次被提上议程。但是"工程难度之大已经超出了当时泰国的能力",加之缺乏国际合作,该提案长期无人问津。近期,该提案再度被提上议程。但是,近年在泰国南部地区频发的恐怖袭击事件,又给这一提案带来了明显的安全隐患,比如,"运河一旦开凿,将在地域上进一步给南部分离主义势力以便利,不利于泰王国的版图统一"。④在可以预计的未来,这一提案仍存诸多变数。

---

① 梁志明、李谋、杨保筠:《东南亚古代史:上古至 16 世纪初》,北京:北京大学出版社,2013 年,第 582 页;中太平洋西部边缘的海峡。位于印度尼西亚的苏门答腊岛和爪哇岛之间,沟通印度洋和太平洋的爪哇海。长 120.5 千米,最窄处 22 千米,最小深度为 30 米,最大深度为 1080 米。参见《海洋大辞典》编辑委员会:《海洋大辞典》,沈阳:辽宁人民出版社,1998 年,第 656 页。

② 庄国土:《论郑和下西洋对中国海外开拓事业的破坏——兼论朝贡制度的虚假性》,《厦门大学学报(哲学社会科学版)》2005 年第 3 期,第 71 页。

③ 马六甲海峡连接中国的南海与安达曼海,因临近马来半岛的古代名城马六甲而得名。参见卓名信、厉新光、徐继昌等主编:《军事大辞海》上,北京:长城出版社,2000 年,第 198 页。

④ 佚名:《克拉地峡"迷雾"背后》,《江淮晨报》2015 年 5 月 24 日。

# 第三节 以佛教文化为黏合剂

究竟什么才是佛教？依照赵朴初先生的说法：

> 广义地说它是一种宗教，包括它的经典、教法、仪式、制度、习惯、教团组织等等；狭义地说，它就是佛所说的言教。如果用佛教固有的术语来说，应当叫作"佛法"。佛法的基本内容可以用"四圣谛"来概括（谛的意思是真理）：苦谛，指经验世界的现实；因谛（或集谛），指产生痛苦的原因；灭谛，指痛苦的消灭；道谛，指灭苦的方法。佛经所说的道理非常多，其实都是围绕四圣谛而展开讨论的。[①]

依据佛教的基本教义，"每个人都必须对自己的行为负责，要承担道德责任和法律后果，这样的教诲对每个人都是有意义的"。[②]

放眼全球，佛教世界由两部分组成：其一，以中国为中心的汉传佛教；其二，以东南亚国家为中心的南传佛教。[③]中国是全球唯一有汉传佛教、藏传佛教和南传佛教三派并存的国家。[④]与此同时，中国还拥有全球为数最多的佛教徒、最优秀的佛教圣迹、最成体系的汉译

① 赵朴初：《佛教与中国文化的关系》，《中国宗教》1995 年第 1 期，第 23 页。

② 洪修平：《更好地发挥中国佛教文化的积极作用》，《中国民族报》2016 年 1 月 19 日。

③ 黄夏年：《充分发挥佛教对外服务的民间外交功能》，载中国社会科学院世界宗教研究所：《中国社会科学院世界宗教研究所建所 50 年纪念文集（1964—2014）》（上卷），北京：社会科学文献出版社，2014 年，第 112～113 页。

④ 黄夏年：《着眼东南亚地区佛教发展新趋势做好云南边疆地区南传佛教工作》，《中国民族报》2016 年 4 月 12 日。

经典和藏译经典，以及最完善的佛教寺院与组织。[①]

　　汉传佛教与南传佛教的区别主要在于教义理论与修行实践两个方面。在教义理论方面，南传佛教将释迦牟尼奉为教主，而汉传佛教则提倡三世十方一切佛。在修行实践方面，南传佛教追求个人自我解脱，把证得"阿罗汉"作为修行的最高目标；汉传佛教则宣传普渡众生，将建立"佛国净土"作为修行的最高目标，甚至认为"普渡众生"之后，个人才能得到真正的解脱。[②]

　　就南传佛教与汉传佛教的共同之处而言，佛教的基本概念"四谛"、"八正道"和"十二因缘"都是两者遵循的基本教义。此外，佛教的"诸恶莫作，众善奉行"的基本教义，也是两者共同遵守的。再比如，汉传佛教与南传佛教的理论与实践中，还存在一种"菩萨信仰"，即"上求菩提、下化众生的自利利他精神"，"这与人类社会的要求是相符合的，也是各个国家与历代政府所提倡的思想"。[③]从这个意义上讲，佛教文化对于中国与中南半岛国家地缘文化关系的发展而言，无疑是一种绝好的黏合剂。

　　长期以来，中国的汉传佛教与中南半岛国家的南传佛教对各自的本土文化产生了深远的影响。佛教传入中国汉地的确切年代尚无定论，史家一般认为是在公元纪元前后的东汉时期。直到南北朝时期，佛教已广布中国。其后的隋唐时期，堪称中国佛教的鼎盛之

　　①　黄夏年：《充分发挥佛教对外服务的民间外交功能》，载中国社会科学院世界宗教研究所：《中国社会科学院世界宗教研究所建所 50 年纪念文集（1964—2014）》（上卷），北京：社会科学文献出版社，2014 年，第 116 页。

　　②　王伯恭主编：《中国百科大辞典 2》，北京：中国大百科全书出版社，1999 年，第 852 页；贾平安、郝树亮主编：《统战学辞典》，北京：社会科学文献出版社，1993 年，第 51 页。

　　③　黄夏年：《着眼东南亚地区佛教发展新趋势做好云南边疆地区南传佛教工作》，《中国民族报》2016 年 4 月 12 日。

时。①不过,需要说明的是,中国历史上出现过所谓的"灭佛运动",即北魏太武帝、北周武帝、唐武宗、后周世宗执政时期出现的禁佛、毁佛事件。其中,北魏太武帝在太平真君七年(446年)曾下诏诛长安沙门,并命留守平城的太子下令于全国废佛。北周武帝在建德三年(574年)下诏禁佛教。唐武宗于会昌五年(845年)曾下令毁佛寺,令僧尼归俗。五代的后周世宗柴荣在显德二年(955年)下诏限制佛教发展,裁减寺院,严禁俗人私自出家。所幸,这些法令在上述统治者在世时,执行便不力。当他们死后,佛教依然故我。②

佛教传入中国,距今已有2000余年历史了。它早已融入了中国的传统文化之中,并"成为其极为重要的组成部分之一"。③大体而言,这种融合可以概括为以下四个方面:其一,佛教文化与中国的思辨哲学相结合;其二,与儒道修养方法相结合;其三,与中国的精美工艺相结合;其四,与国人的人生理想相结合。④

用赵朴初先生的话来说,"佛教文化对中国古代思想文化的影响如此之大,要搞中国古代文史哲艺术等的研究,不搞清它们与佛教文化的关系及所受的影响,就不能得出令人信服的结论,也不可能总结

---

①　廖盖隆、孙连成、陈有进等主编:《马克思主义百科要览·下卷》,北京:人民日报出版社,1993年,第3179～3180页。

②　王伯恭主编:《中国百科大辞典6》,北京:中国大百科全书出版社,1999年,第4574页;孟庆远主编:《新编中国文史词典》,北京:中国青年出版社,1989年,第52页。

③　黄夏年:《充分发挥佛教对外服务的民间外交功能》,载中国社会科学院世界宗教研究所:《中国社会科学院世界宗教研究所建所50年纪念文集(1964—2014)》(上卷),北京:社会科学文献出版社,2014年,第116页。

④　吴立民:《论佛教与中国文化》,《佛教文化》1991年第3期,第24页;思辨哲学,指从抽象思想或概念运动引申和论证一切事物的一种唯心主义哲学。所谓思辨就是不依靠实践和经验而进行的纯粹思维活动。思辨哲学认为,人类的精神(理智、思想等)是事物的本原;具体事物是由精神产生的,是精神的表现形式。参见《哲学小辞典》编写组:《哲学小辞典·外国哲学史部分》,上海:上海人民出版社,1975年,第23页。

出符合历史实际的规律"。比如说,要研究中国文化史,必先研究佛教文化。因为,魏晋至隋唐的一千余年,佛学就是中国哲学思想发展的主流"。①宋元之后,佛教文化对中国文化的渗透作用仍不容忽视。可以说,"不仅在知识界,而且在政界和民间都有一种佛化的倾向,形成了佛教文化植根的一层厚土"。②还有学者认为,如果排除佛教文化,就很难认清中国传统文化的基本面貌与精神。③可以说,对中国传统文化而言,佛教是最有影响的。④

时至今日,佛教文化不仅是中国传统文化中重要的组成部分,其对中国社会伦理的影响也不容忽视。佛教伦理观认为:

> 剥夺他人权利的,终将使自己的权利被剥夺;把自己所有的与他者分享,也必将再增益自己的福报。由此反映出来的人观(众生观),是非常关注人与人之间互动的,由此可以看到佛教描绘出一种非孤立性的自我观,而是众生通体,每个个体的存在状态,在互动中随客观律则而变化,越无私地贡献于他者之福乐的,自身反而得到更多的福乐;越是自私地剥夺他人以谋己之福的,反倒会自陷于苦境。⑤

如今,佛教伦理与社会主义核心价值观也有诸多谋和之处。正如魏道儒所言:

---

① 赵朴初:《佛教与中国文化的关系》,《中国宗教》1995 年第 1 期,第 25 页。

② 麻天祥:《清末民初佛教文化勃兴的原因》,《哲学与文化》1991 年第 10 期,第 939 页。

③ 魏道儒:《佛教与社会主义核心价值观》,《中国宗教》2013 年第 11 期,第 537 页。

④ 黄夏年:《充分发挥佛教对外服务的民间外交功能》,载中国社会科学院世界宗教研究所:《中国社会科学院世界宗教研究所建所 50 年纪念文集(1964—2014)》(上卷),北京:社会科学文献出版社,2014 年,第 114 页。

⑤ 温金柯:《当代中国佛教思想语境下的人文关怀》,《台北城市科技大学通识学报》,第 225 页。

　　社会主义核心价值观中提出的道德规范,同时也是佛教长期以来就坚持、倡导和弘扬的,这就决定了佛教在积极培育社会主义核心价值观方面具有天然优势。比如,爱国、敬业、诚信、友善,是中国公民应当树立的基本价值追求和应当遵循的根本道德准则,是公民基本道德规范的核心要求,体现了社会主义价值追求和公民道德行为的本质属性。这四个方面的道德准则,不仅是中国佛教信众长期以来所倡导和弘扬的,而且他们在这些方面有一整套的理论,有丰富的实践经验。①

　　与汉传佛教对中国文化的影响相比,南传佛教对于中南半岛国家的影响,更是有过之而无不及。比如,从当前佛教信徒在中南半岛国家人口中所占比例来看,柬埔寨为 93%,泰国为 92%,缅甸为82%,老挝为 77%,越南为 76%,新加坡为 40%,马来西亚为 20%。②可见,在柬埔寨、泰国、缅甸、老挝和越南五国,佛教无疑占据着显著的地位。尽管佛教在新加坡和马来西亚并未居于主导地位,但是汉传佛教始终是这两国的华侨华人社会中最具影响力的宗教。

　　在新加坡和马来西亚这两个中南半岛国家,汉传佛教"为在各方言集团和宗亲集团内的联合提供了一种联系的纽带和精神力量"。③在马来西亚,当地华人大多崇信佛教,"以汉传大乘佛教为主"。当地较为知名的佛教僧侣都来自中国,汉传大乘佛教寺院居多。④在新加坡,汉传佛教于 19 世纪末至 20 世纪 20 年代由中国的高僧传入,并

---

　　①　魏道儒:《佛教与社会主义核心价值观》,《中国宗教》2013 年第 11 期,第 539 页。

　　②　刘金光:《东南亚宗教的特点及其对我国对外战略实施的影响》,载郑筱筠主编:《东南亚宗教与社会发展研究》,北京:中国社会科学出版社,2013年,第 24 页。

　　③　李路曲:《新加坡现代化之路——进程、模式与文化选择》,北京:新华出版社,1996 年,第 147 页。

　　④　参见黄火龙、张开勒:《马来西亚佛教》,《法音》1999 年第 8 期。

逐渐在当地华侨华人社会中传播。①由于新加坡华人移民多来自闽粤两地,故新加坡的佛教寺庙多带有闽粤一带地域特色。比如,新加坡历史最悠久的莲山双林寺,就是以福建福州的西禅寺为典范的。②总体而言,佛教在中南半岛国家的影响力是相当可观的。

从中南半岛佛教的缘起来看,可追溯到公元前3世纪。公元前250年,古印度的阿育王为了弘扬佛法,授命帝须长老在华氏城主持佛经的第三次结集。③在帝须长老的建议下,阿育王向邻近的国家和地区派出了多个弘法使团。其中,须那迦长老和郁多罗长老被派往缅甸南部的"金地"(即下缅甸、泰国、老挝南部、柬埔寨等),摩诃勒弃多长老被派往"庸那迦"(即缅北的掸邦、中国的西双版纳,以及泰国的景迈等地)。④

另据佛教《善见律》的记述,阿育王派出的一个弘法使团,曾到过一个被称作"润那"(Yona)的地方。据考证,这个地方大约在萨尔温

---

① 张文学:《论新加坡汉传佛教与殖民政府的关系》,《世界宗教文化》2013年第1期,第94页。

② 张跃、张琨:《新加坡文化概论》,北京:世界图书出版公司,2014年,第126页。

③ 阿育王(?—前232),古印度摩揭陀国孔雀王朝的国王。亦称"阿输迦"、"阿恕迦",意为"无忧王"。在位期间,奉行佛教,使之成为国教;帝须,亦称"目犍连子帝须"。古印度僧人。因精通三藏,被阿育王奉为国师。后又受阿育王委托,发起佛典的第三次结集,阐明戒规。结集后,派弟子末阐提、摩诃提婆、昙无德、摩哂陀、郁帝夜等分赴外国传法,使佛教远播中东、欧洲一带。参见任道斌主编:《佛教文化辞典》,杭州:浙江古籍出版社,1991年,第38~39页;华氏城,印度摩揭陀国首都,位于今印度的比哈尔邦巴特那城附近。7世纪玄奘旅印时,称该城"荒芜虽久,基址尚存"。参见李植楠主编:《外国历史辞典》,武汉:湖北教育出版社,1991年,第90页。

④ 许清章:《缅甸历史、文化与外交》,北京:社会科学文献出版社,2014年,第103页;照中国的通常解释,"结集"两个字含有编辑的意义,但是其梵文Saṃgīti却是"僧众大会"的意思。参见赵朴初:《佛教常识答问》,北京:北京出版社,2003年,第43页;下缅甸,指缅甸南部。

江和澜沧江河谷之间一带,地域范围包括中国的西双版纳、缅甸掸邦、老挝北部与泰国北部的清迈等地区。[①]

在公元前 3 世纪,南传佛教已在缅甸南部地区流传。[②]大约 5 世纪前后,南传佛教已在缅甸境内广泛流传。唐朝时,中国的史籍称缅甸为"骠国"。[③]据《唐书》记述,骠国的都城"四隅作浮图,相传为舍利佛城。城内有寺百余座,堂宇皆错以金银,涂以丹彩,地以紫矿,覆以锦罽。其俗好生恶杀。男女七岁落发,止寺舍,依桑门;至二十不悟佛理,乃复长发为居人"。[④]在唐朝贞元十八年(802 年),骠国国王雍羌派其弟悉利移、城主舒难陀率 35 人的歌舞队到长安演奏 12 首乐曲,史称"骠国乐"。当时,白居易在观看骠国乐后赋诗道:"玉螺一吹

---

① 净慧主编:《南传佛教史简编》,北京:中国佛教协会,1991 年,第 185 页;萨尔温江,古河流名。见《清史稿·缅甸传》。源出中国西藏唐古拉山南坡,流经云南名怒江(亦称潞江),入缅甸境称萨尔温江,穿越掸邦高原至毛淡棉注入莫塔马湾。在缅甸境内长 1660 公里,上游水急谷深,不宜航行,下游 85 公里可通航。下游的马达班(今译莫塔马),旧译"马都八",《岛夷志略》、《郑和航海图》作"八都马",《新唐书·骠国传》作"磨地勃",扼东西海上交通要冲,自古为中国西南假道缅甸的出海要港。参见朱杰勤、黄邦和主编:《中外关系史辞典》,武汉:湖北人民出版社,1992 年,第 682 页。

② 张英:《东南亚佛教文化》,北京:中央民族大学出版社,1999 年,第 53 页。

③ 古代缅甸骠族建立的国家。故地在今缅甸伊洛瓦底江中下游流域,是一个信奉佛教的文明古国。参见朱杰勤、黄邦和主编:《中外关系史辞典》,武汉:湖北人民出版社,1992 年,第 52 页。

④ 贾晓明:《傣族和上座部南传佛教》,《人民政协报(数字报)》2013 年 10 月 10 日。

雅髻耸,铜鼓千击文身踊。珠缨炫转星宿摇,花鬘斗薮龙蛇动。"①此后,"骠国乐"被传为中国与中南半岛国家文化交流中的一段佳话。

　　11世纪后,佛教文化已在中南半岛的多数国家获得了备受尊崇的地位。这些国家的多数国王不遗余力地扶植佛教,同时借助佛教证明国王统治的合法性。②在佛教历史上,佛典的第五次、第六次结集均由中南半岛国家发起和组织,这为佛教的发展做出了极其重要的历史贡献。其中,佛典的第五次结集由缅甸贡榜王朝的敏东王发起。1871年,敏东王召集了2400位僧侣在曼德勒结集,对巴利文三藏经典加以校订。③这次结集以律藏为重点,史称"第五结集"。僧众用5个月时间齐诵一遍三藏之后,又花5年时间将其刻于729块大理石上。④这些石碑"立于曼德勒的拘他陀寺,四周环绕45座佛塔。刻石5年方成,至今犹存"。⑤

　　其后,由1954年5月佛诞日至1956年5月佛诞日,缅甸组织了佛教的第六结集,主要是对巴利文三藏经典进行校订。缅甸选取了

　　①　张永禄主编:《唐代长安词典》,西安:陕西人民出版社,1990年,第329页。传入唐朝的骠国乐包括十二首乐曲,译成汉文就是:《佛印》、《赞娑罗花》、《白鸽》、《白鹤游》、《斗羊胜》、《龙首独琴》、《禅定》、《甘蔗王》、《孔雀王》、《野鹅》、《宴乐》和《涤烦》。还有一首《野鹅》,《新唐书》、《唐会要》都未记明相对应的骠国曲名。参见段炳昌:《唐宋时期传经云南的东南亚乐舞》,载云南大学中文系:《东南亚文化论》,昆明:云南大学出版社,1994年,第3～4页。

　　②　宋立道:《佛教与当代泰国社会》,《世界宗教研究》1995年第4期,第28页。

　　③　巴利文是古代印度的一种语言,也是佛陀时代摩揭陀国一带的大众语(俗语)。据说释迦牟尼就是用这种语言说法的,所以弟子们也用这种语言记诵他的经教。巴利语虽已消失,文字却靠佛经而保留了下来。巴利,意为"经典"。参见陈耳东、陈笑呐、陈英呐:《佛教文化的关键词:汉传佛教常用词语解析》,天津:天津古籍出版社,2005年,第48页。

　　④　钟智翔:《缅甸的佛教及其发展》,《东南亚研究》2001年第2期,第76页。

　　⑤　杜继文主编:《佛教史》,南京:江苏人民出版社,2006年,第502页。

"第五结集时编定的缅甸巴利语版经典,参照锡兰版、泰国版及柬埔寨版等版本,加以补充编纂而成"。为此,缅甸政府动员了锡兰、泰国、缅甸、尼泊尔等国的 2500 位高僧参加此次结集。[①]作为佛教的保护者,国王被佛教赋予了神圣的地位,即"国土被神化为法王或菩萨",或者说,是佛在人间的代理人。[②]时至今日,在泰国、缅甸、老挝和柬埔寨等中南半岛国家尚未出现过足以与佛教相抗衡的文化。

可以说,中南半岛各国的传统文化在一定程度上依赖于佛教而延续,而佛教僧侣与寺庙肩负着传承当地文化的使命。佛教寺院长期扮演着学术典藏、教育场所和文化中心等多重角色。一方面,这使佛教经典得以妥善的保存。另一方面,佛教僧侣俨然是知识的继承者与文化的传播者。[③]

当佛教初传入中南半岛各国时,这些国家尚未创制本国的文字。佛教传入后,中南半岛国家长期使用的文字,都是随佛教一并传入的外来文字。其中,缅甸较早使用的文字"孟文",始创于 5—6 世纪,采用的是由南印度传入的字母系统。[④]在古代缅语中,学校和寺庙就是同一个词。[⑤]在缅甸,精通巴利语三藏、文学、史学和医学的人才,大

---

①　钟智翔:《缅甸的佛教及其发展》,《东南亚研究》2001 年第 2 期,第 77 页。

②　李晨阳:《佛教在当代泰国政治中的作用》,《东南亚》1996 年第 1 期,第 35 页;法王,佛教称谓。意为"佛法之王",原指释迦牟尼,后引申为传法首领,也有用这一称谓称呼一些天神、菩萨、佛,以示崇敬。参见任道斌主编:《佛教文化辞典》,杭州:浙江古籍出版社,1991 年,第 261 页。

③　学诚:《文明交流互鉴中佛教文化的价值》,《中国民族报》2014 年 4 月 8 日。

④　张英:《东南亚佛教文化》,北京:中央民族大学出版社,1999 年,第 78 页。

⑤　张英:《东南亚佛教文化》,北京:中央民族大学出版社,1999 年,第 77～78 页。

多都是由大寺庙培养出来的。①目前,缅甸有两万多座的南传佛教寺院。②在缅甸的农村地区,教育由寺庙负责承担,广大信众接受的是"以宗教教育与世俗教育相结合式的传统教育"。③在柬埔寨的农村,人们认为僧侣不仅道德修养好,而且是最有学问的人。④柬埔寨在扶南国时期使用的文字,为梵文或巴利文。⑤在泰国引入西方的现代教育制度之前,其初级教育多由僧侣以巴利文教授。⑥相比之下,老挝的文字出现最晚,基本上源于梵文和巴利文。⑦

　　与南传佛教相比,汉传佛教也对部分中南半岛国家的文化产生了影响。⑧据缅甸学者考证,在 4 世纪,汉传佛教已从中国传至缅甸。中国僧人曾在太公、卑谬和蒲甘等地弘扬佛法。⑨至今,在古代缅甸

　　①　王何忠:《浅谈佛教对缅甸文化的影响》,《云南民族学院学报(哲学社会科学版)》1999 年第 2 期,第 70 页。

　　②　释自懋:《缅甸仰光汉传佛教团体之发展与困境》,慈辉大学硕士学位论文,2005 年,第 9 页。

　　③　张英:《东南亚佛教文化》,北京:中央民族大学出版社,1999 年,第 86 页。

　　④　李晨阳:《佛教在当代柬埔寨政治中的作用》,《东南亚纵横》1995 年第 4 期,第 47 页。

　　⑤　张英:《东南亚佛教文化》,北京:中央民族大学出版社,1999 年,第 78～79 页。

　　⑥　林秀梅主编:《泰国社会与文化》,广州:广东经济出版社,2006 年,第 186 页。

　　⑦　张英:《东南亚佛教文化》,北京:中央民族大学出版社,1999 年,第 79 页。

　　⑧　王家范、谢天佑主编:《中华古文明史辞典》,杭州:浙江古籍出版社,1999 年,第 344 页。

　　⑨　钟智翔、尹湘玲等编著:《缅甸概论》,北京:世界图书出版有限公司,2012 年,第 36 页;云南大学西南边疆民族历史研究所编印:《西南民族历史研究集刊·第一集》,1980 年,第 120 页。

的文化中心蒲甘古城内,还可以见到许多中国式样的佛塔建筑。①在中国的南北朝时期,中南半岛国家进献的器物中就有佛教物品(例如佛像、佛发)。部分中南半岛国家还要求中国回赠佛教文物(例如佛教经典)。②比如,据《宋史》卷七《真宗纪》记载,景德三年(1006年)秋七月乙亥,"交州来贡,赐黎龙廷九经及佛氏书"。③据考证,黎龙廷是越南前黎朝的统治者,宋朝赠送给他的佛典为宋刊本,可能是"宋刊《开宝大藏经》"。④

　　以深受汉传佛教影响的越南为例。一直以来,越南佛教不仅通行汉文佛典,而且其众多流派都源于汉传佛教。⑤比如,据《佛祖历代通载》等书记载,东汉中平六年(189年),苍梧(今广西梧州)人牟子与母避难交州,后回乡娶妻,无意仕途,母亡故后,锐志于佛道,著有《牟子理惑论》。此书记述了释迦牟尼出家、成道、传教的事迹;佛经的卷数及戒律的规定;佛教关于生死问题的观点;佛教在中国初传的情况等。越南佛教史籍《禅范集英御录》记载牟子于2世纪末至交州研究佛教,证明佛教已于东汉年间传入越南北部。这是汉传佛教传入越南的开端。⑥6世纪末,中国禅宗三祖僧璨的弟子、乌苌(今巴基斯坦)高僧毗尼多流支从中国来到越南,在越南河东省的法云寺弘扬

---

　　①　林锡星:《中缅友好关系研究》,广州:暨南大学出版社,2000年,第4页。

　　②　[日]河上麻由子:《佛教与朝贡的关系——以南北朝时期为中心》,《传统中国研究集刊》2006年第00期,第31页。

　　③　参见《宋史》卷七,《真宗纪》。

　　④　潘吉星:《中国金属活字印刷技术史》,沈阳:辽宁科学技术出版社,2001年,第191页。

　　⑤　楼宇烈、张志刚:《中外宗教交流史》,长沙:湖南教育出版社,1998年,第84页。

　　⑥　华侨华人百科全书编辑委员会编:《华侨华人百科全书·人物卷》,北京:中国华侨出版社,2001年,第419页。

佛法,后来在越南创建了毗尼多流支禅派。①其后,唐代高僧百丈怀海的弟子无言通,于唐元和十五年(820 年)来到越南北宁省仙游县富东乡的建初寺弘法,创立了无言通禅派。该宗派延传至今,成为越南佛教的主流派别之一。②

17—18 世纪,又有部分汉传佛教的宗派陆续传入越南。比如,17 世纪初,汉传佛教的曹洞宗传入了越南。越南僧人水月通觉被奉为越南曹洞宗的始祖,创立了水月派。在中国的清朝初年,中国临济宗僧人拙公由福建来到越南,创立了拙公派。该流派"以临济宗为

----

　　①　僧璨,隋代僧人(? —606),从禅宗二祖慧可受法,为禅宗三祖。北周武帝灭佛时,往来于舒州(今安徽潜山)司空山十余年,无人知晓。隋开皇十二年(592 年)沙弥道信前来求法受学,9 年后传法于道信,言"华种虽因地,从地种华生;若无人下种,华地尽无生",后隐居罗浮山。唐玄宗时追谥"鉴智禅师"。参见萧振士编:《中国佛教文化简明辞典》,北京:世界图书出版公司,2014 年,第 95 页;毗尼多流支(? —594),梵文 Vinitaruci,意译"灭喜",越南禅宗灭喜禅派的创始人。原籍印度乌耆延那(Udyana),曾周游印度学习和研究佛教。陈太建六年(574 年)来中国长安,受到陈武帝的接待。后到河南少室山参谒禅宗三祖僧璨,见其不俗,用手三次触碰,但不见三祖生起,知是大器,遂叩拜三次。三祖仍不言语,只是回礼三次。即表示愿意侍师。三祖乃对其曰:"速去南方,不必在此驻留。"于是至广州制旨寺,住六年,译《象头精舍经》、《业报差别经》两部。太建十二年(580 年)到越南河东法云寺,译《总持经》一部。但越南有学者认为此经仍为在中国时译出。隋开皇十四年(594 年)临终前将心印(意谓不立文字,不依言语,以心为印)传授给法贤。他创立的禅宗派别"灭喜派",亦称"毗尼多流支派"。参见任继愈主编:《佛教大辞典》,南京:江苏古籍出版社,2002年,第 918~919 页。

　　②　洪修平:《中国佛教文化历程》,南京:江苏教育出版社,2005 年,第 366页;无言通(? —826),唐代旅越僧人,越南禅宗无言通派创始人。俗姓郑,出生于中国广州,后在浙江婺州(今浙江金华)双林寺出家,再住广州安和寺。受慧能南宗禅,属百丈怀海门下。唐元和十五年(820 年)从中国到越南北宁仙游县富东乡建初寺弘法,宣扬无住、无念、无声观心禅法,曾在寺内无声面壁数年,因而建立了无言通派,又称面壁派。参见任继愈主编:《佛教大辞典》,南京:江苏古籍出版社,2002 年,第 209 页。

主,并受净土宗影响"。17世纪中叶,中国广东僧人原韶于1665年在越南归宁府(今归仁)创建了原韶禅派,传播汉传佛教的临济宗。[1]

# 小　结

本章分析了影响中国与中南半岛地缘文化关系的四个要素。在接下来的四章(第三章至第六章),笔者从四个不同的历史分期入手,分析中国与中南半岛国家地缘文化关系的发展脉络。笔者确信,决策者在制定外交政策时,总是会以先前的经验为指导。[2]

---

[1]　梁志明:《源远流长,多元复合:东南亚历史发展纵横》,北京:世界图书出版公司,2014年,第132页;拙公(1590—1644),越南华侨高僧。俗名李天祚,沃名海澄,法号圆闻,通称拙公。其佛学渊博,备受敬重。圆寂后,被黎真宗追谥为明越普觉广济大德禅师。参见华侨华人百科全书编辑委员会编:《华侨华人百科全书·人物卷》,北京:中国华侨出版社,2001年,第743页。

[2]　Reiter,D., 1996. Crucible of beliefs: Learning, alliances, and world wars. N. Y.: Cornell University Press, p. 2.

# 第三章

# 地缘文化关系的形成期：
# 史前时期至 11 世纪前半叶

中国与中南半岛地区的地缘文化关系始于石器时代。例如,在越南旧石器时代的和平文化遗址与新石器时代的北山文化遗址出土的文物中,有的文物与中国四川省发现的石器几乎完全相同。因此,有学者认为,"在五千年前,蜀越之间即有共同的文化"。此外,在缅甸中西部马圭县的旧石器遗址发现的石斧、石凿及东彬遗址发现的小圆石器,与中国周口店出土的石器有许多相似之处。①

在泰国境内的湄公河沿岸,也发现不少与中国西南地区具有共同特征的新石器及新石器同时代的岩画。②具体而言,在泰国北部、东北部的攀牙府、北碧府和乌龙呵叻等地均发现了原始岩画。"画面以动物、工具和人物为主,主要反映的是狩猎生活。绘画颜色几乎全着红色,黑色与黄色用得极少。"与中国云南澜沧江支流沿岸的沧源、耿马等地发现的岩画相比,两者在内容与风格上存在诸多共同之处。由此可知,居住在中国云南南部及泰国的族群,在新石器时期就已产生了文化联系。③

---

① 杨保筠:《中国文化在东南亚》,郑州:大象出版社,1997 年,第 7～8 页。
② 杨保筠:《中国文化在东南亚》,郑州:大象出版社,1997 年,第 7～8 页。
③ 施荣华:《中泰文化交流》,昆明:云南美术出版社,1997 年,第 7 页。

　　从中南半岛农业遗址的考古发掘来看,自中国夏、商、周三代开始,中南半岛所使用的农具已逐渐开始由磨制石器为主向金属器具过渡。到春秋战国时期,中南半岛的农具主要为青铜类农具。在秦汉时期,中南半岛北部一些地区的"农业技术发展水平和农业经济发展状况"与中国华南基本持平。[1]

　　在古代,中国西南地区与中南半岛地区之间的民族迁徙很复杂,其中有的民族由中国西南地区迁入中南半岛,有的民族由中南半岛迁入中国西南地区。在这些民族之中,中国的"百越"民族(属壮侗语族)向南迁移,其中许多散落在中南半岛,定居在河流两岸土壤肥沃的地方,逐渐发展成中南半岛国家的诸多民族。[2]何谓"百越"民族?据研究,现在的浙江、福建、广东、广西以至越南的东京(北圻)、安南(中圻)一带,当时都是越人的居住地。在春秋末期,越王勾践称霸。公元前 333 年,越国灭亡。其后,越人南迁并建立了数个封建制国家,其中包括温州一带的越国(东瓯越)、福州一带的越国(闽越)、广州一带的越国(南越),以及广西南部一带的越国(骆越或西瓯雒)。它们被通称为"百越"。[3]其中,作为"百越"的一个分支,中国的壮族与越南的岱族、侬族,是世居中越边境的跨界民族。历史上,它们还有许多别称,比如"百越、西瓯、骆越、乌浒、俚、僚、土人、侬人、

---

　　① 朱宏斌:《秦汉时期传统稻作农业科技文化在东南亚的传播》,《东南亚纵横》2002 年第 11 期,第 20、23 页。

　　② 王介南:《中国与东南亚文化交流志》,上海:上海人民出版社,1998 年,第 13 页。

　　③ 吕士朋:《中国文化与越南文化》,《史学会刊》1975 年第 4 期,第 391～392 页。

僮"等。①

历史上,与"百越"民族类似的民族,还包括氐羌系诸民族(属藏缅语族)。早在远古时期,氐羌系诸民族已从中国西北向南移徙,并在中国云南形成了彝、白、纳西、哈尼、景颇等民族。其后,这些民族进一步南迁,产生了现在氐羌系的跨界民族(例如哈尼族与景颇族)。②据学者考证,这些跨界民族保留了一些共同的文化特征。以羌族中广泛流传的羌笛为例。沿着西南丝绸之路,彝族、傈僳族、景颇族、德昂族"均有与羌笛相同的或其变异形制的乐器,尽管名称各异,却不可否认是同出一源"。③

在 11 世纪之前,中南半岛地区的"古代民族国家几乎都还没有形成;后来成为古代东南亚大国的或主要国家,主体民族(缅族、泰族)尚未作为主体出现,或尚未建立独立的国家(如红河流域的越族)"。④因此,不能用当前中南半岛各国的疆域来对应 11 世纪之前的中南半岛各国。当时,马来西亚与新加坡尚未建国。直至 10 世纪初,越南北部地区还是中国封建王朝统治区域的一部分,而缅甸和泰国直至 10 世纪末还没有形成统一的国家。虽然柬埔寨的高棉人相继建立了自己的国家——扶南、真腊和吴哥。但是,这三个国家的疆

---

①　王介南、姜义华主编:《中华文化通志·中国与东南亚文化交流志》,上海:上海人民出版社,1998 年,第 23~24 页;岱族是越南北方人口最多的少数民族。使用岱语,属汉藏语系壮侗语族。参见中国大百科全书总编辑委员会:《民族百科全书》,北京:中国大百科全书出版社,1994 年,第 62 页。

②　张胜冰:《滇文化与跨境民族文化》,载云南大学中文系编:《东南亚文化论》,昆明:云南大学出版社,1994 年,第 56~57 页。

③　王其书:《西南丝绸之路音乐文化考察报告》,《音乐探索(四川音乐学院学报)》2003 年第 3 期,第 15~16 页。

④　贺圣达:《东南亚历史和文化发展:分期和特点》,《学术探索》2011 年第 3 期,第 120 页。

域超过了现今柬埔寨的疆域。①比如，14世纪之前，真腊的"疆域大体
包括今老挝和柬埔寨两国在内，是两国地域范围的共称"。②

当时，中南半岛国家尚未实行中央集权制，而是采用所谓的"王
圈制"(circle of kings)。所谓"王圈制"是指：

> 在没有确切地理边界的小政治中心从各方面寻求其政治安
> 全的背景下形成的一种特殊体制，在每个王圈里有若干个向国
> 王朝贡的统治者，只要有机会他们就极力摆脱诸侯地位，建立以
> 自己为中心的朝贡体系，形成霸王或共主(overlord)；一般被称
> 为国王；在得到诸侯的认可后，国王也会派出自己的官员或代理
> 人监察诸侯政权和体现共主的存在。③

# 第一节　越　　南

大约在公元前4世纪，原属中国"百越"民族的"雒越人"占据了
红河中下游一带，并形成了部落联盟。据越南古史记载，在这一区域
最早出现的国家先后为"文郎国"和"瓯雒国"。

公元前3世纪末，中国的秦朝灭亡之后，原秦朝南海郡的地方官
赵佗割据自立，吞并了桂林郡与象郡，以番禺（今广州）为中心建立了
南越国。其后，南越国逐渐向南扩张，兼并了"雒越人"建立的瓯雒

① 贺圣达：《古代东南亚历史特点刍议》，载梁志明、李谋、杨保筠等著：
《古代东南亚历史与文化研究》，北京：昆仑出版社，2006年，第39页。
② 申旭：《老挝史》，昆明：云南大学出版社，2011年，第69页。
③ 梁志明：《源远流长，多元复合：东南亚历史发展纵横》，北京：世界图书
出版公司，2014年，第262页。

国,继而在越南北部设立了交趾郡与九真郡。<sup>①</sup>据姚楠的考证:

> 赵佗在汉高祖登极后的第十一年(公元前196年),曾经得到高祖的正式承认,可是在吕后执政的第五年(公元前183年),他竟叛汉,自号南越武帝……到汉文帝时代,复为藩王……他在汉武帝建元那年死后,共传了五主。最后一主是术阳王赵建德,又想谋叛……<sup>②</sup>

公元前112年,汉武帝派遣卫尉路博德率军平灭了叛乱,将南越国的旧地划分为汉朝下辖的九个郡。其中,交趾郡在今越南河内一带,九真郡在今越南清化、义安一带,日南郡在今越南广平一带。<sup>③</sup>东汉建武十九年(43年),中国开辟了由云南至河内的跨境通道,史称为"交州道","其路线为自滇中南下今蒙自,沿红河经屏边达河内"。<sup>④</sup>自隋入唐,"交州"名称废止。唐朝调露元年(679年),于今越南河内置安南都护府,史称"安南"。<sup>⑤</sup>

在此后的漫长岁月中,越南北方(即今红河下游地区)被视为中

---

① 　朱寰、王建吉:《世界古代中世纪史》,北京:北京大学出版社,1993年,第461页;瓯雒国,越南古国。公元前257年,蜀王子泮率红河中游的蜀部落,成为部落联盟首领,称"安阳王",定都古螺城(今安朗县)。此后,雒越迅速扩大,可能将西瓯人并入,故史称"瓯雒国"。公元前208年,该国为南越所灭。参见丁建弘、孙仁宗主编:《世界史手册》,杭州:浙江人民出版社,1988年,第210页。

② 　姚楠:《中南半岛华侨史纲要》,北京:商务印书馆,1946年,第5页。

③ 　参见陈碧笙主编:《南洋华侨史》,南昌:江西人民出版社,1989年;廖小健:《战后各国华侨华人政策》,广州:暨南大学出版社,1996年;吴凤斌主编:《东南亚华侨通史》,福州:福建人民出版社,1994年;杨建成主编:《法属中南半岛之华侨》,台北:中华学术院洋研究所,1986年;中国社会科学院历史研究所编:《古代中越关系史资料选编》,北京:中国社会科学出版社,1982年。

④ 　方铁:《边疆民族史探究》,北京:中国文史出版社,2005年,第464页。

⑤ 　杜继文主编:《佛教史》,南京:江苏人民出版社,2006年,第299页。

国封建王朝统治区域的一部分。①可以说,"自秦汉经历隋唐以至五代十国,目前中越边界地区和越南北部,均为中国行政疆域,不存在边界问题"。②当时,越南与中国"虽有水陆两途,但行者多以海路为首选"。③

在此期间,中国的文化逐渐融入越南社会。④例如,越南古代的全部史籍均用汉字写成。⑤同时,越南古代的哲学、经学著作,也几乎都是用汉字书写的。⑥在中国的隋唐时期之后,越南的"绘画、书法、雕塑、壁画、音乐、舞蹈等艺术形式"也与中国极为相似。⑦

在中国的唐朝末期,安南(今越南北部与中部的部分地区)经历了一个"由地方割据政权向独立自主政权逐步过渡"的过程。⑧ 880 年,安南发生了兵变,当地人驱逐了唐朝委派的节度使。安南地区的豪强曲氏(即曲承裕、曲颢、曲承美三代)自称为节度使。曲氏之后,安南的统治权于 930—939 年之间三度易手,李进、杨廷艺、矫公羡先后掌权。939 年,杨廷艺的部将吴权攻杀了矫公羡,夺取罗城(今河

---

①　贺圣达:《东南亚文化发展史》,昆明:云南人民出版社,1996 年,第 75 页。

②　周建新:《中越中老跨国民族及其族群关系研究》,北京:民族出版社,2002 年,第 47 页。

③　方铁:《唐宋两朝至中南半岛交通线的变迁》,《社会科学战线》2011 年第 4 期,第 103 页。

④　贺圣达:《东南亚文化发展史》,昆明:云南人民出版社,1996 年,第 119 页。

⑤　谭志词:《中越语言文化关系》,北京:军事谊文出版社,2003 年,第 245 页。

⑥　贺圣达:《东南亚文化发展史》,昆明:云南人民出版社,1996 年,第 162～163 页。

⑦　杨军:《中国与古代东亚国际体系》,《吉林大学社会科学学报》2004 年第 2 期,第 39～40 页。

⑧　梁志明、李谋、杨保筠:《东南亚古代史:上古至 16 世纪初》,北京:北京大学出版社,2013 年,第 312 页。

内），而后自立为王。①

　　吴权死后，安南的豪强相继割据称雄，自称为"使君"，史称"十二使君之乱"。② 后来，丁部领逐一击破了安南各地的豪强，于 968 年平定了内乱。③ 丁部领此后统一了越南，并建立了"大瞿越国"。④值得强调的是，在丁部领建国伊始，他就深受中国文化的影响，例如：

　　　　于 970 年以"太平"为其年号，此为越南历朝使用年号之始。类似中国朝廷这种称皇帝、定年号、置百官、制朝仪、定服色等做法，被越南各王朝一直沿袭到阮朝覆灭为止。此外，丁部领统一全国后，曾对国土的行政单位进行划分，将其疆域分为十道，但史籍记载中仍采用唐代各州的名称，如爱州、峰州等。此后，尽管越南历代王朝多次对全国行政单位的划分进行调整，但基本沿袭府、路、镇、州、县等名称，而且历朝所用行政单位的名称和结构多与当时相应的中国朝代相同。⑤

　　除此之外，在吏制方面，越南的中央政府效法中国，设立了吏、户、礼、兵、工、刑六个部，直到清代依然因循不变。⑥

---

　　① 梁志明、李谋、杨保筠：《东南亚古代史：上古至 16 世纪初》，北京：北京大学出版社，2013 年，第 310 页。

　　② 潘光主编：《各国历史寻踪》，上海：上海辞书出版社，2001 年，第 315 页；朱寰、王建吉：《世界古代中世纪史》，北京：北京大学出版社，1993 年，第461 页。

　　③ 张殿吉主编：《外国历史大事典》，石家庄：河北教育出版社，1989 年，第165~166 页。

　　④ 越南古国。968 年为丁部领所建。经丁朝（968—980 年）、前黎朝（980—1009 年）延续到李朝初期（1009—1054 年）。其疆域包括今越南北部和中部。1054 年李朝圣宗改称大越。参见丁建弘、孙仁宗主编：《世界史手册》，杭州：浙江人民出版社，1988 年，第 211 页。

　　⑤ 梁志明、李谋、杨保筠：《东南亚古代史：上古至 16 世纪初》，北京：北京大学出版社，2013 年，第 558 页。

　　⑥ 广西社会科学院印度支那研究所编：《印度支那问题讲座》，南宁：广西社科院印度支那研究所，1986 年，第 57 页。

## 第二节 缅甸和泰国

### 一、缅甸

在中南半岛各国的古代历史资料中，以缅甸史最为匮乏。在 1044 年之前，有关缅甸的历史记载暧昧不明。[①]相比之下，中国古籍中有关缅甸的记载相对较多，其中不乏第一手材料，有较高的史料价值。[②]有关缅甸的史前历史，可以参考陈炎的考证：

> 早在三四千年前，在今缅甸境内已有名叫尼格黎多的原始居民使用石器，过着游猎生活。约在二三千年前，又有马来民族系统的原始人进入缅甸，从事原始农业。最早徙入缅甸的，为孟-高棉语族的孟、崩龙、佤、克伦等族；其次，是藏缅语族的帖（今钦人）、干漾（今阿拉干人）、骠（今缅人）、克钦（景颇人）等族；再次是壮侗语族（亦称侗泰语族）的掸人、克耶人等。他们大约从公元前 9 世纪开始，就先后从中国青藏高原和云贵高原陆续迁入缅甸，最初过着原始社会生活，大约到青铜时代（公元前 2000 年—前 2 世纪）的末期，原始社会崩溃，开始过渡到阶级社会。[③]

缅甸，在中国的史籍中有多种旧称，比如，汉代称其为"掸国"，唐称"骠国"，宋称"蒲甘"，元称"缅国"，明始称"缅甸"。"缅甸"这一称

① 净海：《南传佛教史》，北京：宗教文化出版社，2002 年，第 121 页。
② 陈炎：《海上丝绸之路与中外文化交流》，北京：北京大学出版社，1996 年，第 264 页。
③ 中国大百科全书总编辑委员会：《中国大百科全书·外国历史卷》，北京：中国大百科全书出版社，1992 年。

谓源于梵文"Brahma"。[1]在佛经中,"Brahma"意为"本地的最初的居住者"。[2]

　　一直以来,缅甸人自认是古印度释迦族的后裔。或者说,早在佛陀释迦牟尼降世之前,缅甸人的远祖已从印度迁徙到缅甸。据缅甸的《琉璃宫史》记载:

　　　　释迦牟尼在菩提道场具足四谛成道很久很久之前,主宰拘萨罗国与般遮罗国的君王般遮罗王,为与揭利耶王联姻,遣使臣前往求亲。因为揭利耶王高傲自负,且出言不逊,引起两国大战。般遮罗王旗开得胜,揭利耶、提婆陀诃、迦毗罗卫等三国释迦族君王出师败北,分成三股,释迦王族式微。后得重建,三国释迦族君王再次繁荣兴盛。上述三国式微时,迦毗罗卫国阿毗罗阇王亲率大军放弃中天竺,创立了名为僧伽夏罗塔的太公国。[3]

　　照此说法,缅甸历史上的第一个王国——太公国是由来自古印度的释迦族人在缅甸北部地区建立的。[4]在缅甸语中,"太公国"被称

---

　　①　中国大百科全书总编辑委员会:《中国大百科全书·外国历史卷》,北京:中国大百科全书出版社,1992年。

　　②　[苏联]什那伊杰尔著,李希泌、王贵珍、孙伟译:《缅甸》,北京:三联书店,1956年,第32页。

　　③　李谋等译注:《琉璃宫史》,北京:商务印书馆,2007年,第126页。《琉璃宫史》,缅甸编年史。1829年缅甸贡榜王朝巴基道王下令召集13位僧俗学者,于京城曼德勒琉璃宫内编纂史书,历时4年,于1832年完稿,故命名为《琉璃宫史》。它记述了上自远古历史传说,下至贡榜王朝开国皇帝阿朗帕耶去世后两年即1762年。全书共分3卷21册,约100万字。参见陈远、于首奎、梅良模等主编:《世界百科名著大辞典·社会和人文科学》,济南:山东教育出版社,1992年,第768页。

　　④　太公国,国名。在今缅甸北部地区。一说公元前850年为印度移民所建;一说公元前5世纪帖族所建。都城太公城。受印度文化影响,使用北印度文字。11世纪,为蒲甘王朝所并。参见孙文范编著:《世界历史地名辞典》,长春:吉林文史出版社,1990年,第34页。

为"德贡",而缅甸谚语有云:"缅甸历史从德贡开始。"①

不过,据中国学者对出土文物和古代文献的考证,缅甸人源自古印度释迦族的说法值得商榷。有中国学者认为,当前定居在缅甸境内的各民族,虽然不是缅甸的土著民族,却是"在史前时期从中国青藏和云贵高原先后迁入缅甸境内的"。②按照这些民族的语族来划分,大致可归纳为以下三类:

　　(一)孟—高棉语族:主要为孟族(在缅甸亦称得楞族)、崩龙(在中国境内现称德昂族)等族。他们在史前就自我国云贵高原迁入缅甸。是最先移居缅甸的民族;(二)藏缅语族:主要为缅甸族(骠族)、克钦、拿夏、钦、傈僳等族。他们自公元前9世纪后,就陆续自青藏高原迁入缅甸;(三)侗泰语族:主要为掸族(在我国境内称傣族)等族。他们约自公元前6世纪后,陆续自我国云贵高原迁入缅甸。③

至少在公元前2世纪,中缅两国就有地缘经济的往来。④当时,从中国航行到南印度的海船,要途经位于下缅甸沿海的邑卢没(今泰国华富里)和夫甘都卢等国。⑤直到9世纪,缅族以蒲甘城为中心建

---

①　中国大百科全书总编辑委员会:《中国大百科全书·外国历史卷》,北京:中国大百科全书出版社,1992年。

②　陈炎:《海上丝绸之路与中外文化交流》,北京:北京大学出版社,1996年,第266页。

③　陈炎:《海上丝绸之路与中外文化交流》,北京:北京大学出版社,1996年,第266~267页。

④　傅增有:《中泰文化交流的特点研究》,载北京大学东南亚研究所:《东南亚文化研究论文集》,北京:经济日报出版社,2004年,第135页。

⑤　中国大百科全书总编辑委员会:《中国大百科全书·外国历史卷》,北京:中国大百科全书出版社,1992年;夫甘都卢,古国名。故地一般以为在今缅甸卑谬及其附近,即唐时的宝利差咀罗。一说在今缅甸蒲甘。参见朱杰勤、黄邦和主编:《中外关系史辞典》,武汉:湖北人民出版社,1992年,第6页。

立了政权。11 世纪时,缅族政权发展成为蒲甘王朝。[①]

## 二、泰国

泰国,全称为泰王国。旧名暹罗,泰语为国语。泰国位于中南半岛中部,东邻老挝,东南接柬埔寨,西与西南分别连缅甸和马来西亚,南濒泰国湾。[②]据考证,公元初年,在今泰国的北部和中部地区出现过一些分散的、各自独立的部落政权。最早的有"金邻国"(亦称为"金陈国"),位于今泰国的叻丕府境内。据中国史籍《扶南异物志》记载:"金邻一名金陈,去扶南可二千余里。地出银,人民多好猎大象,生得乘骑,死则取其牙齿。"[③]

在中国的典籍中,泰国多被称为暹罗。据学者考证,"暹罗"一词见于《诸藩志》中 1225 年的"浔番",《新元史》中 1299 年的"暹番",《宋史》中的"暹",以及《新元史》中 1282—1323 年的"暹"。[④]暹罗原本分为"暹"和"罗斛"两国。"暹"最早见《元史》,"罗斛"始见于《宋史》和《元史》。14 世纪,"暹"与"罗斛"合并,被称为暹罗。1939 年改称"泰国"。1945 年再度改称为"暹罗"。1949 年又改称"泰国"。[⑤]

---

① 缅王阿奴律陀于 1044 年在蒲甘(今卑谬以北)创建,故名。

② 王伯恭主编:《中国百科大辞典 7》,北京:中国大百科全书出版社,1999年,第 5211 页。

③ 中国大百科全书总编辑委员会:《中国大百科全书·外国历史卷》,北京:中国大百科全书出版社,1992 年。

④ [泰]黎道纲:《泰国古代史地丛考》,北京:中华书局,2000 年,第 250页;《诸藩志》,书名。宋代赵汝适著。二卷。成书于理宗宝庆元年(1225 年)。此书保存了有关各国风土、物产的丰富资料,是研究宋代海上交通的重要文献。原书已佚,今本为乾隆中编辑《四库全书》时,从《永乐大典》中辑出,仍分二卷。有近人冯承钧所撰《诸蕃志校注》通行。参见王家范、谢天佑主编:《中华古文明史辞典》,杭州:浙江古籍出版社,1999 年,第 266 页。

⑤ 王伯恭主编:《中国百科大辞典 7》,北京:中国大百科全书出版社,1999年,第 5211 页;中国百科大辞典编委会编:《中国百科大辞典》,北京:华夏出版社,1990 年,第 821 页。

中国与泰国的地缘文化关系，至少可以追溯至中国的西汉时期。据《汉书》记载，西汉平帝元始元年（公元 1 年），中国使臣从广东乘船，经越南、柬埔寨，渡过暹罗湾，越过克拉地峡，然后再乘船去印度。①另据泰国学者的考证，《汉书》中提到的都元国、邑卢没国和谌离国，分别在现今泰国的巴真府室摩诃梭古城、素攀府乌通古城和北碧府。②由此可见，当时中国人已到过现今泰国的疆域。

# 第三节　柬埔寨和老挝

## 一、柬埔寨

柬埔寨位于中南半岛西南部，与老挝、越南和泰国相邻。关于柬埔寨的古代历史，柬埔寨语的史料稀缺。当前，最为可信的史料，当数中国史籍中的有关记载。③据中国史籍，公元前 6—前 5 世纪，柬埔寨人的先民——高棉人（又称吉蔑人）由中国云南南迁，到达今柬埔寨与越南南部一带，建立了扶南国。④扶南，中国古籍也称其为"夫南"、"跋南"，均为柬埔寨语 Banan 的音译，意为"山岭之王"。扶南始建于 1 世纪。至 3 世纪，其版图已包括今越南南部、老挝南部和泰国东南部，以及马来半岛的马六甲一带。扶南与中国的文化交流频繁。最早的一次文化交流是在 84 年，扶南派遣使者到中国，两国互赠珍贵礼物。⑤三国吴黄武四年（225 年），扶南遣使向孙吴政权进献

---

①　傅增有：《中泰文化交流的特点研究》，载北京大学东南亚研究所：《东南亚文化研究论文集》，北京：经济日报出版社，2004 年，第 132 页。

②　黎道纲：《泰国古代史地丛考》，北京：中华书局，2000 年，第 16 页。

③　净海：《南传佛教史》，北京：宗教文化出版社，2002 年，第 255 页。

④　参见中国大百科全书总编辑委员会：《中国大百科全书·外国历史卷》，北京：中国大百科全书出版社，1992 年。

⑤　参见中国大百科全书总编辑委员会：《中国大百科全书·外国历史卷》，北京：中国大百科全书出版社，1992 年。

琉璃等物,吴主孙权也派遣朱应、康泰出使扶南。此后,扶南与中国的晋,南朝宋、齐、梁、陈等朝代均有使节往来。其中,以梁朝为例,自梁武帝天监二年至大同五年(503—539 年)的 36 年间,扶南向梁朝遣使 10 次以上。[①]

在宗教方面,扶南先是信奉婆罗门教,后来佛法亦同样盛行。[②]从中国史籍或柬埔寨出土的碑铭记载可以确定,最迟在 5—6 世纪,即扶南国势力强盛之时,佛教在柬埔寨已有所发展。[③] 7 世纪中叶,扶南被其属国真腊征服。当时,汉传佛教亦"广被信奉,情形与扶南时代略同"。[④]

据记载,真腊崇尚佛教,在隋唐时期与中国有使节、商人频繁往来。其领土包括今柬埔寨以及老挝南部、越南南部,最盛时西与缅甸邻接。唐神龙(705—707 年)后,真腊分裂为陆真腊(又称文单,今泰国、老挝、柬埔寨接壤地区)与水真腊(今柬埔寨和越南西南部)二部。[⑤]"9 世纪初,水、陆真腊统一于吴哥王朝。"[⑥]至于柬埔寨的佛教,何时由汉传佛教转变为南传佛教,尚无明确的史料记载。[⑦]

---

① 朱杰勤、黄邦和主编:《中外关系史辞典》,武汉:湖北人民出版社,1992年,第 20 页。

② 净海:《南传佛教史》,北京:宗教文化出版社,2002 年,第 265~266 页。

③ 钟楠:《柬埔寨文化概论》,北京:世界图书出版有限公司,2014 年,第103 页。

④ 净海:《南传佛教史》,北京:宗教文化出版社,2002 年,第 271 页。

⑤ 李植楠主编:《外国历史辞典》,武汉:湖北教育出版社,1991 年,第 270页;徐寒主编:《中国历史百科全书》,北京:中国大百科全书出版社,1994 年,第518 页。

⑥ 王伯恭主编:《中国百科大辞典 9》,北京:中国大百科全书出版社,1999年,第 6810 页。

⑦ 钟楠:《柬埔寨文化概论》,北京:世界图书出版有限公司,2014 年,第103 页。

## 二、老挝

有关老挝各民族的渊源,据考证:

> 老挝地区的泰老族先民主要是从中国迁去的。……最早迁入的是越裳即掸人及其他越人,迁入的时期在新石器时代,以后迁入的有乌浒人、哀牢(僚)人、泰人、白衣(百夷)等等,其中大部分是由中国直接迁去,少数是从他国再迁去的。历次迁入的合在一起,经过融合、分化和繁衍,形成今天老挝泰老各民族。[①]

1—12 世纪,老挝地区的主要居民为孟—吉蔑人,被中国史书称为"堂明"。227 年,堂明王遣使到中国。[②]约在 706 年后,真腊分裂为南、北两部。北部多山称陆真腊,位于今老挝以万象为中心的地区。中国史籍称其为文单国。[③]中国与老挝的地缘文化关系起步较晚。[④]唐朝时,中国与"文单国"(老挝)才建立了外交关系。

唐天宝十二年(753 年),"文单国"的王子率其属 26 人来朝,"唐授以属果毅都尉,赐紫金鱼袋"。需要说明的是,"果毅都尉"是唐朝的官名,为统兵官员。在唐朝,凡五品以上官员有随身鱼符,以鱼袋盛之,系佩于腰间。袋饰以金、银,三品以上饰金,五品以上饰银。在唐朝所授职衔中,有"赐紫金鱼袋"的说法。唐朝大历六年(771 年),

① 申旭:《老挝史》,昆明:云南大学出版社,2011 年,第 41 页。
② 参见中国大百科全书总编辑委员会:《中国大百科全书·外国历史卷》,北京:中国大百科全书出版社,1992 年。
③ 王伯恭主编:《中国百科大辞典8》,北京:中国大百科全书出版社,1999年,第 5617 页
④ 老挝,全称老挝人民民主共和国。位于中南半岛中北部,是一狭长的内陆国家,南北长 1000 公里,东西最窄处只有 120 公里。东邻越南,南界柬埔寨,西连泰国、缅甸,北与中国云南省接壤,主要是老龙族(亦称佬族)、老听族、老松族、苗族、卡族等。通用老挝语,居民多信奉佛教。首都万象。参见中国大百科全书总编辑委员会:《中国大百科全书·外国历史卷》,北京:中国大百科全书出版社,1992 年。

文单国副王婆弥入朝觐见,"诏封开府仪同三司,试殿中监"。唐朝以"开府仪同三司"为一品官阶。①由此可见,唐朝对于老挝的重视。

不过,在12世纪之前,整个老挝地区基本上属于吉蔑人(高棉人)的统治范围。尽管老挝的泰老族先民早在史前时代就迁入了老挝北部地区,"但始终未能完全从吉蔑人的统治之下摆脱出来"。②

## 第四节　马来西亚和新加坡

从地缘上讲,马来西亚由马来亚(简称西马)和沙捞越、沙巴(简称东马)两部分组成。③据考证,1万多年前,马来半岛上已有人类居住。④有关马来群岛地区早期国家的历史,仅能从中国古代史籍中找到一些相关的零星记载。从现有的材料看,马来群岛上的早期国家应该"是在公元前后才产生的"。⑤

在中国史籍中,有关马来西亚的记载,始见于《汉书·地理志》:

> 自日南障塞徐闻、合浦船行可五月,有都元国;又船行可四月,有邑卢没国;又船行可二十余日,有谌离国;步行可十余日,有夫甘都卢国;自夫甘都卢国船行可二月余,有黄支国,民俗略

① 王家范、谢天佑主编:《中华古文明史辞典》,杭州:浙江古籍出版社,1999年,第401页;[北宋]王钦若等编:《册府元龟》卷七百九十一,《外臣部·朝贡四》;《册府元龟》卷九百六十五,《外臣部·封册三》,北京:中华书局,1960年校补本;三司指太尉、司徒、司空。三司都有官属。参见贺旭志、贺世庆编著:《中国历代职官辞典》,长春:吉林文史出版社,1991年,第134、211页。

② 申旭:《老挝史》,昆明:云南大学出版社,2011年,第103页。

③ 中国大百科全书总编辑委员会:《中国大百科全书·外国历史卷》,北京:中国大百科全书出版社,1992年。

④ 中国大百科全书总编辑委员会:《中国大百科全书·外国历史卷》,北京:中国大百科全书出版社,1992年。

⑤ 梁志明、李谋、杨保筠:《东南亚古代史:上古至16世纪初》,北京:北京大学出版社,2013年,第186页。

与珠厓相类。其州广大,户口多,多异物,自武帝以来皆献见。有译长,属黄门,与应募者俱入海市明珠、璧流离、奇石异物;赍黄金杂缯而往。所至国皆禀食为耦,蛮夷贾船,转送致之。亦利交易,剽杀人。又苦逢风波溺死,不者数年来还。大珠至围二寸以下。平帝元始中,王莽辅政,欲耀威德,厚遗黄支王,令遣使献生犀牛。自黄支船行可八月,到皮宗;船行可二月,到日南、象林界云。黄支之南,有已程不国,汉之译使自此还矣。①

2 世纪初,马来半岛上出现了诸多小国,比如"狼牙修"、"羯荼"和"赤土"等。②其中,"狼牙修"曾在 515—568 年四次遣使中国。③5—7 世纪,马来半岛的诸多小国与中国往来频繁,多次遣使与中国的宋朝、梁朝修好,并"向宋、梁的皇帝赠送象牙制的佛像、宝塔、火齐珠、吉贝、沉檀及各种香料等"。④

5 世纪之后,随着海上丝绸之路的发展,马六甲海峡作为中继点,其战略价值随之提升。马来半岛上的各国竞相争夺对马六甲海峡的控制权。最早控制马六甲海峡的是室利佛逝。7—13 世纪,室利佛逝控制了马六甲海峡。⑤据学者考证,室利佛逝取自梵文"Sri

---

① 参见《汉书·地理志》。
② 周伟民、唐玲玲:《中国与马来西亚文化交流史》,海口:海南出版社,2008 年,第 109 页。
③ 中国大百科全书总编辑委员会:《中国大百科全书·外国历史卷》,北京:中国大百科全书出版社,1992 年。
④ 王介南、姜义华主编:《中华文化通志·中国与东南业文化交流志》,上海:上海人民出版社,1998 年,第 253 页。
⑤ 丁建弘、孙仁宗:《世界史手册》,杭州:浙江人民出版社,1988 年,第 218 页。

Vijaya",意为"光荣胜利"。① 有时,中国唐代史籍称之为"佛逝"或
"佛誓"。②唐代禁止私营贸易与航运,来自中国宫廷的贸易船只多数
停靠在室利佛逝的港口。③

　　在唐宋时期,室利佛逝与中国保持着密切的地缘文化关系。比
如,该国在唐朝、宋朝向中国的遣使次数,依据史书记载,分别为 10
余次与 30 余次。④更重要的是,室利佛逝崇信佛教,与中国的佛教文
化交流十分频密。唐朝的许多僧人为了去印度学习和研究佛经,"往
往途经室利佛逝,并在那里研习佛学"。其中,唐朝高僧义净"曾在室
利佛逝学习梵语研究佛讲达 14 年之久"。⑤ 据义净所著《大唐西域
求法高僧传》的记载:

　　　　此佛逝廓下,僧众千余,学问为怀,并多行钵,所有寻读,乃

---

　　①　张跃、张琨:《新加坡文化概论》,北京:世界图书出版公司,2014 年,第
90 页。

　　②　梁志明、李谋、杨保筠:《东南亚古代史:上古至 16 世纪初》,北京:北京
大学出版社,2013 年,第 201 页。

　　③　张跃、张琨:《新加坡文化概论》,北京:世界图书出版公司,2014 年,第
6 页。

　　④　朱杰勤、黄邦和主编:《中外关系史辞典》,武汉:湖北人民出版社,1992
年,第 36 页。

　　⑤　梁志明、李谋、杨保筠:《东南亚古代史:上古至 16 世纪初》,北京:北京
大学出版社,2013 年,第 204 页。义净编撰了《梵语千字文》,亦称《唐梵千字
文》,供僧人学习翻译之用。所列共 1000 字,皆为日常生活及佛经翻译中最常
用之字。编撰时四字成句,押有韵脚,每至第 21 句则夹有五字句。然后变韵,
以便记忆。编撰者以为"学此则余语皆通,若兼悉昙章读梵本,一二年间即堪翻
译也"。参见黄心川主编:《南亚大辞典》,成都:四川人民出版社,1998 年,第
119 页。

与中国不殊。沙门轨仪,悉皆无别。①

另据考证,742—904 年的 162 年间,"中国史籍没有关于室利佛逝的记载"。直到 904 年,室利佛逝与中国再度通好时,中国史籍改称其为三佛齐。②直到明朝,室利佛逝依然受到中国文化的影响,比如马欢在《瀛涯胜览》中曾提到,室利佛逝"亦有中国文字"。③

新加坡一名,源于梵语 Singapura,Singa 意为狮子,pura 意为城堡,合称意为狮城。在中国史籍中,新加坡有很多旧称,其中包括"凌牙门、单马锡、淡马锡、息辣、旧柔佛、新意利坡、新州府;近代还有石劲、星洲的俗称"。历史上,新加坡就是中国商船的停泊站。比如,据《诸蕃志》的记载,中国开往三佛齐的商船,要先停靠在"凌牙门",即

---

　①　[唐]义净:《大唐西域求法高僧传》卷下。义净,唐僧人。俗姓张,齐州(今山东济南)人,一说范阳(今北京西南)人。慕法显、玄奘出国求法高风,于咸亨二年(671 年)从海道往印度求法,在巡礼佛教圣迹鹫峰、鸡足山、鹿野苑、祇林精舍后,到那烂陀寺学大小乘佛教。历时 24 年游历 30 余国,于证圣元年(695 年)携梵本经、律、论典籍约 400 部回洛阳,武则天亲往迎接。旋即在洛阳、长安主持译经,译出《金光明最胜王经》、《大孔雀咒王经》、《佛为胜光天子说王法经》、《药师琉璃光七佛本愿功德经》、《称赞如来功德神咒经》、《根本说一切有部毗奈耶》、《法华论》等六十一部,二百三十五卷。在从印度回国途中撰有《南海寄归内法传》四卷和《大唐西域求法高僧传》两卷,为研究南亚各国历史、宗教的重要资料。参见王家范、谢天佑主编:《中华古文明史辞典》,杭州:浙江古籍出版社,1999 年,第 584 页。

　②　梁志明、李谋、杨保筠:《东南亚古代史:上古至 16 世纪初》,北京:北京大学出版社,2013 年,第 205 页。

　③　梁志明、李谋、杨保筠:《东南亚古代史:上古至 16 世纪初》,北京:北京大学出版社,2013 年,第 562 页;《瀛涯胜览》,明朝马欢撰。记载东南亚、南印度、西南亚 20 个国家的地理、历史、政治、经济及风俗民情等,卷首诸番国名之后,录有郑和宝船尺寸及下西洋官兵人数,是研究 15 世纪初郑和下西洋最为翔实的史料。参见朱杰勤、黄邦和主编:《中外关系史辞典》,武汉:湖北人民出版社,1992 年,第 537 页。

后来的新加坡。① 3 世纪,马来人将新加坡命名为"Pulau Ujong",意思是"(马来半岛)末端的岛屿"。根据音译,三国时期中国称其为"蒲罗中"。②

# 小　　结

　　从史前时期至 11 世纪前半叶,中国与中南半岛国家的地缘文化关系处于形成期。在此期间,水、陆跨境通道的开辟与贯通,一方面促使华侨华人"从流寓变为定居,从零散寓居到聚居成村",另一方面也为佛教文化的进一步传播奠定了基础。③

---

　　① 中国大百科全书总编辑委员会:《中国大百科全书·外国历史卷》,北京:中国大百科全书出版社,1992 年。
　　② 张跃、张琨:《新加坡文化概论》,北京:世界图书出版公司,2014 年,第22 页。
　　③ 梁志明:《源远流长,多元复合:东南亚历史发展纵横》,北京:世界图书出版公司,2014 年,第 353～354 页。

# 第四章

# 地缘文化关系的发展期: 11 世纪后半叶至 19 世纪前半叶

　　11—14 世纪,在中南半岛,"以某一个民族为主体的古代多民族国家在这一时期形成、发展外来文化影响与各国历史传统民族特点和文化结合,形成了新的统一度较高、明显的民族文化"。[1]其间,越南、缅甸、泰国、柬埔寨和老挝等国,相继建立了封建性质的国家。中国从宋代开始,造船和航海技术(比如罗盘)进步,"与海外特别是南洋的海上交通和贸易往来空前发展"。[2]中国与中南半岛国家的地缘文化关系日臻成熟。比如,在明清两代,中国为了增进与中南半岛的地缘文化关系,设立了名为"四夷馆"的外事翻译机构,用以培养通晓中南半岛各国语言的人才。四夷馆隶属于翰林院,设有缅甸馆、暹罗馆等机构。后来,四夷馆的材料被编辑成《华夷译语》,这是中国最早的汉语外语字典,涵盖了缅甸译语、暹罗译语、安南译语、占城译语、

---

　　① 　贺圣达:《东南亚历史和文化发展:分期和特点》,《学术探索》2011 年第 3 期,第 121 页。
　　② 　梁志明:《源远流长,多元复合:东南亚历史发展纵横》,北京:世界图书出版公司,2014 年,第 353～354 页。

满刺加译语等中南半岛国家的语言。①

# 第一节　越南

　　越南的李、陈、胡、莫等朝的第一代皇帝均为华裔。其中，李朝第一代皇帝李公蕴②、陈朝第一代皇帝陈煚的祖先都是福建人。胡朝的创建人胡季牦③的祖先是浙江人，而莫朝的创建人莫登庸的先祖是广东人。④

---

　　①　张维华主编:《中国古代对外关系史》,北京:高等教育出版社,1993年,第415页;四夷馆至清初改名为四译馆仍沿袭明制,隶翰林院,至乾隆十三年(1748年)又改名为会同四译馆。参见陈炎:《海上丝绸之路与中外文化交流》,北京:北京大学出版社,1996年,第291页。

　　②　李公蕴,庙号太祖,1009—1028年在位,越南李朝创建人。出身僧侣家庭,前黎朝时担任殿前指挥使,是近卫军的最高指挥官。1009年,被拥立为帝。翌年,建元顺天,迁都于京府大罗城,改名升龙(今越南河内)。在位期间,与宋结好,曾遣使赴宋求取三藏经。参见李锋、王荣科、王先俊等主编:《政治人物辞典》,南京:南京大学出版社,1992年,第165页。

　　③　胡季牦,字理元。越南华裔君主,越南胡朝的创建者。自推其先祖胡兴逸为浙江人。陈朝(1226—1400年)末年,以陈氏外戚身份,掌朝中大权。1400年篡陈自立,国号大虞,复胡姓,建立胡朝(1400—1407年),传二世,7年。参见华侨华人百科全书编辑委员会编:《华侨华人百科全书·人物卷》,北京:中国华侨出版社,2001年,第190页。

　　④　莫登庸,庙号太祖,越南莫朝的创建者。后黎王朝时,由低级军官升为太师,封安兴王,逐渐掌握大权。1527年废黎恭皇,自立为帝,改元明德,建立莫朝。1529年让位于其子登瀛,称太上皇,仍控制朝政。1533年,后黎朝在南部复国,并控制了南部地区,遂成南北对峙局面。参见李锋、王荣科、王先俊等主编:《政治人物辞典》,南京:南京大学出版社,1992年,第298页;广西社会科学院印度支那研究所编:《印度支那问题讲座》,南宁:广西社科院印度支那研究所,1986年,第46页。

越南建国之后,"交州不再充当中国海外贸易港的角色"。①宋朝的邕州和钦、廉等州逐渐成为新的交通枢纽。其中,钦州港是当时广西对中南半岛国家最重要的对外贸易港口。②凭借跨境通道,尤其是水路跨境通道的便利,中越两国的地缘文化交流日趋频密,呈现出双向、多层次的态势。

越南文化对中国的器物文化产生过重要的影响。例如,越南制造玻璃的技术,早在3世纪就传入了中国南方。③另据《明史》记载,明朝永乐年间营建北京,越南人阮安始终参与,并发挥了重要作用。④比如,从正统二年(1437年)正月开始,阮安负责修建北京的九门城楼。至正统四年(1439年)四月,门楼、城濠、桥闸完工,这是北京的内城九门的前身。正统五年(1440年)三月,阮安奉命重修北京的奉天、华盖、谨身三殿和乾清、坤宁二宫。正统七年(1442年),阮安又奉命设计、修建北京的宗人府、吏部、户部、兵部、工部、鸿胪寺、钦天监、太医院、翰林院等建筑。正统十年(1445年)六月,阮安奉命督造北京城墙,即后来北京内城的城垣。⑤由此,学者认为,北京的旧城就是按照阮安的设计营造的。⑥

与之相比,中国文化在多个层次对越南产生了更为深远的影响。先从器物层面来看。越南的古代建筑吸收了中国古代的建筑理念。

---

①　陆韧:《云南对外交通史》,昆明:云南民族出版社,1997年,第124页。

②　陆韧:《云南对外交通史》,昆明:云南民族出版社,1997年,第133~134页。

③　陈修和:《中越两国人民的友好关系和文化交流》,北京:中国青年出版社,1957年,第40页。

④　杨春雨:《从明朝北京城和阮朝顺化城看中越建筑文化交流》,《东南亚纵横》2011年第6期,第47页。

⑤　南炳文、何孝荣、陈安丽:《明代文化研究》,北京:人民出版社,2005年,第583页。

⑥　广西社会科学院印度支那研究所编:《印度支那问题讲座》,南宁:广西社科院印度支那研究所,1986年,第47页。

比如,中国的砖瓦在汉代传入越南。越南北部和中部曾发现大批汉代的砖墓,并发现多处烧砖瓦窑的旧址。[①]此外,越南历代统治者在营建都城宫室时,不仅采用中国的建筑技术,还参照中国的城市布局。[②]其中,越南阮朝首都顺化的宫苑就充分印证了这一点。[③]据研究,"顺化城建筑如北京城一样,也是由三重方形城墙包围,由外到里依次是京城、皇城和紫禁城。"同时,"城中有一条明确的南北向中轴线,并且各重要建筑均坐落于中轴线上"。此外,"京城、皇城与紫禁城各职能划分亦仿效中国北京城,甚至各个宫殿建筑(例如太和殿和午门等)名称也是直接仿效中国来命名"。此外,在越南人的姓氏中有半数以上是黎、阮、陈、李、范、郑等姓氏,尤以阮、黎、陈为最。这些越南人的姓氏,都是从中国的"百家姓"中借用的。[④]除了借用中国人的姓氏,越南人还模仿中国人,用筷子吃饭。[⑤]

从制度层面来看,主要表现为中国对越南的单向影响。[⑥]比如,在法制领域,越南封建统治者将中国的《唐律疏议》作为其制订法律的蓝本。后黎朝的《洪德法典》(颁布于越南后黎朝圣宗洪德年间

---

① 陈玉龙、杨通方等:《汉文化论纲:兼述中朝中日中越文化交流》,北京:北京大学出版社,1993 年,第 378 页。

② 梁志明、李谋、杨保筠:《东南亚古代史:上古至 16 世纪初》,北京:北京大学出版社,2013 年,第 558 页。

③ 张维华主编:《中国古代对外关系史》,北京:高等教育出版社,1993 年,第 421 页。

④ 马达:《从越南使用汉字的历史看汉文化对越南的影响》,《中州学刊》2004 年第 5 期,第 140 页。

⑤ 杨保筠:《中国文化在东南亚》,郑州:大象出版社,1997 年,第 140 页。

⑥ 李育民:《中越制度文化交流及其影响》,《晋阳学刊》2013 年第 2 期,第 57 页。

[1470—1497年]),就是以唐律、唐令为依据,渗透了中国法典的精髓。①

再比如,汉字对越南文化产生了不可估量的影响。在越南建国之后,特别是李朝之后,汉字对越南文化的影响甚于越南建国之前。② 1009年,越南的李朝建立,规定汉字为全国的通用文字。③从越南的李朝至陈朝(1009—1413年)的400多年中,已知的、用汉文撰写的越南著作多达40余部。④其中,越南人黎文休模仿司马迁的《史记》体例撰写了《大越史记》,共30卷;并模仿《史记》夹叙夹议的笔法,比如效仿司马迁在叙事后加以"太史公曰"的体例,黎文休也在文

----

① 陈玉龙、杨通方等:《汉文化论纲:兼述中朝中日中越文化交流》,北京:北京大学出版社,1993年,第383页;《唐律疏议》,法律典籍。原名《律疏》,自宋改用今名,亦作《唐律疏义》。长孙无忌(? —659)等奉敕撰。三十卷。参见吴枫主编:《简明中国古籍辞典》,长春:吉林文史出版社,第727页;《洪德法典》,又称《洪德刑律》。越南后黎朝圣宗洪德年间(1470—1497年)颁行的法典。仿中国法令制定。共721条,包括官制、军制、刑法、民法等条文,规定了贵族和官僚的土地占有、官吏的俸禄、社会与家庭的尊卑秩序等。参见丁建弘、孙仁宗主编:《世界史手册》,杭州:浙江人民出版社,1988年,第213页。

② 贺圣达:《东南亚文化发展史》,昆明:云南人民出版社,1996年,第162页。

③ 季羡林主编:《东方文学辞典》,长春:吉林教育出版社,1992年,第1143页。

④ 贺圣达:《东南亚文化发展史》,昆明:云南人民出版社,1996年,第163页。越南的李朝和陈朝,是两个先后相继的封建王朝。10世纪越南建国,历经吴朝、丁朝和前黎朝。1009年,前黎朝军队殿前指挥使李公蕴取得帝位,建立李朝(1009—1225年),定都大罗城(今河内),号升龙。1226年,权臣陈守度利用人民不满,强令年幼女皇李昭让位其夫陈日煚(陈守度之侄),从此建立陈朝(1226—1400年)。陈朝强化中央集权统治,农业生产借助水利的兴修得以恢复,工商业有所发展。13世纪末利用汉字创制本国文字"喃字"。1400年陈朝外戚胡季犛夺取政权,建立胡朝,陈朝亡。参见居三元、张殿英主编:《东方文化词典》,北京:北京大学出版社,1993年。

后写下"黎文休曰"、"史臣吴士连曰"。[①]

　　值得一提的是,越南历史上,相传越南学者阮诠创造了越南国音字"喃字",与汉字掺杂使用。[②]可是,由于喃字不易在群众中普及推广,主要用于文学创作,其对越南文化发展的影响,无法与汉字相比。[③] 19世纪末,越南沦为法国殖民地,汉字才逐步被拉丁化文字所取代。直到1936年,越南政府才最终废除了汉字。即便如此,现代越南语中依然有70%~80%的词汇源于汉语。[④]当人们读到用汉字撰写的越南古代文史书籍时,便会真切地感受到"以中国思想观念和中国式的话语来表达越南现实生活问题的事例",这"显然给人以置身中国文化语境之中的强烈感觉"。[⑤]

　　越南"以汉文作为书写的主要文体","甚难不受到文字所传达讯息所受到的思想的潜移默化"。[⑥]在越南的"黎、李、陈诸朝,在制度文

　　①　梁志明、李谋、杨保筠:《东南亚古代史:上古至16世纪初》,北京:北京大学出版社,2013年,第562页。

　　②　越南作家,又称韩诠。陈太宗时,官至工部尚书。1282年,据传鳄鱼在泸江兴风作浪,陈仁宗命阮诠用喃字写《祭鳄鱼文》投入江中后,鳄鱼离去。这与中国唐朝韩愈驱赶鳄鱼一事类似,于是皇帝赐他姓韩。参见季羡林主编:《东方文学辞典》,长春:吉林教育出版社,1992年,第775页。

　　③　参见贺圣达:《东南亚文化发展史》,昆明:云南人民出版社,1996年,第162~163页;喃字,越南的一种文字。原意为"南国文字"。相传是14世纪越南陈朝韩诠仿效汉字结构创制,用来书写越南语。其中大多数是用一个汉字表音,一个汉字表意,把二者结合成一个方块形体。这种文字大致盛行于17—18世纪,其后逐渐被拉丁化的所谓"国语"所代替。参见岑麒祥:《汉语外来语词典》,北京:商务印书馆,1990年,第278页。

　　④　广西社会科学院印度支那研究所编:《印度支那问题讲座》,南宁:广西社科院印度支那研究所,1986年,第56页。

　　⑤　林明华:《汉语与越南语言文化(下)》,《现代外语》1997年第2期,第57页。

　　⑥　耿慧玲:《越南铭刻与越南历史研究》,《止善》2014年第6期,第12页。

化方面而始终以中国为师,竭力模仿"。①例如,越南历史上的行政区名称多数受中国文化的影响。比如:

> 丁朝称首都华闾为长安,李朝置为长安府。又如,李朝称首都升龙为应天府,号为南京,这与中国北宋以应天府为南京(今河南省商丘市)完全一致。越南历史上的府名如太平府、承天府、兴元府、重庆府、襄阳府、安庆府、建安府、建昌府、西宁府、广平府、临安府、临洮府、河中府、嘉兴府、嘉定府、中都府等,同名府名均在中国历史上存在过,并且中国名称均比越南要早。②

越南在制度文化方面,还效法中国的科举制度。从越南的李仁宗于1075年首开科举以来,越南奉行科举制度近千年,直到1919年才被完全废止。需要强调的是,越南的科举制有一个不同于中国科举制的重要特征,即儒、佛、道三教并试。③这也反映出佛教在观念层面上对越南文化的深刻影响。

2世纪,佛教已传入越南。6世纪之后,佛教已在越南北方广泛传播。据考证,越南佛教中的"大乘佛教文化主要是沿着中国这条路线逐次南下传入的"。④在越南历史上,从未有过中国封建社会中曾经出现过的"灭佛"运动。这也从侧面反映了佛教对越南封建社会的一般官员和民众,始终有着很大的影响。⑤

---

①　吕士朋:《明代制度文化对越南黎朝的影响》,《史学集刊》1994年第1期,第48页。

②　华林甫:《略论中国地名文化对越南的影响》,《南洋问题研究》2001年第2期,第55～56页。

③　阮金山:《当代越南儒教研究之现状与问题》,《台湾东亚文明研究学刊》2008年第2期,第157页;贺圣达:《东南亚文化发展史》,昆明:云南人民出版社,1996年,第160～161页。

④　梁志明:《源远流长,多元复合:东南亚历史发展纵横》,北京:世界图书出版公司,2014年,第242页。

⑤　贺圣达:《东南亚文化发展史》,昆明:云南人民出版社,1996年,第160～161页。

从 939 年吴权称王,历经丁朝(968—979 年)和前黎朝(980—1009 年),国家的权力主要掌握在僧侣与武将手中。更为重要的是,越南李朝与陈朝的历代国王均崇信佛教,有 8 位国王相继出家为僧。其中,陈朝的陈太宗与陈仁宗先后禅位出家,创立了越南的竹林禅派,并派遣使臣到中国求取大藏经。[①]在此影响之下,"通汉字的僧侣、官员及地方乡绅所接受的宗教思想亦来自于汉传的大乘佛教"。[②]由此可见,汉传佛教对越南文化的影响之深。

19 世纪末,中国与越南的地缘文化关系进入了一个历史性的转折。1885 年 6 月 9 日,清政府与法国政府签订了《中法越南条款》。中国被迫承认法国与越南订立的条约与章程,并正式承认了法国对越南的殖民统治。[③]此后,中国与越南的地缘文化关系的发展进入了一个相对平缓的时期。

## 第二节　泰国

现今泰国的疆域,最初分属于孟人(亦称"勃固人")和高棉人,前者控制着湄南河上游地区,后者统治湄南河下游地区和上湄公河流

①　中国大百科全书总编辑委员会:《中国大百科全书·宗教卷》,北京:中国大百科全书出版社,1992 年。竹林禅派,佛教流派,越南禅宗支派。该派主要弘传中国佛教禅宗的支派"临济宗"。参见任道斌主编:《佛教文化辞典》,杭州:浙江古籍出版社,1991 年,第 25 页。

②　耿慧玲:《越南铭刻与越南历史研究》,《止善》2014 年第 6 期,第 12 页。

③　《中法越南条款》,原名《越南条款》,又称《中法新约》、《中法会订越南条约十款》。法国强逼清政府订立的关于结束中法战争的不平等条约。是根据《中法停战条件》而商订的"条约细目"。参见朱杰勤、黄邦和主编:《中外关系史辞典》,武汉:湖北人民出版社,1992 年,第 191 页。

域。①在湄南河上游地区,最早由泰族人建立的国家是"兰那泰"。在兰那泰的芒莱王执政时期(1259—1311年),其疆域由泰国西北部的清迈地区扩展到缅甸东北部的景栋地区。②"兰那泰"在中国史书上被称为"八百大甸"。10—12世纪,该国被称为"前八白大甸"(定都清盛);12—15世纪,史称"后八百大甸"(定都清迈)。③1558年,"兰那泰"被缅甸的东吁王朝征服。直至19世纪初,兰那泰王国的故地才重新被纳入现今泰国的疆域。④

在湄公河中下游地区,泰族人于1238年建立了素可泰王朝。在该王朝的第三代国王兰甘亨(Rama Khamheng)统治时期,颁布了暹罗最早的成文法典,并于1283年创造了泰文字母,沿用至今。⑤后来,素可泰王朝被阿瑜陀耶王朝取代。阿瑜陀耶王朝之后,泰族人又

————————

① 宋立道:《传统与现代:南传佛教在当代社会中的调试》,北京:中国社会科学出版社,2002年,第94页;中国大百科全书总编辑委员会:《民族百科全书》,北京:中国大百科全书出版社,1994年,第232页。湄南河,全名昭披耶河,泰文湄南为河流之母的意思,位于泰国中部。上游源出缅甸掸邦高原,由难河、滨河在那空沙沙旺附近汇合后向南注入南海曼谷湾。全长约1200公里,流域面积约15万平方公里,为泰国著名的稻米产区。参见王伯恭主编:《中国百科大辞典5》,北京:中国大百科全书出版社,1999年,第3676页。

② 施荣华:《中泰文化交流》,昆明:云南美术出版社,1997年,第25页;贺圣达:《东南亚文化发展史》,昆明:云南人民出版社,1996年,第234页。

③ 净海:《南传佛教史》,北京:宗教文化出版社,2002年,第200～201页。

④ 梁志明、李谋、杨保筠:《东南亚古代史:上古至16世纪初》,北京:北京大学出版社,2013年,第415页。

⑤ 李锋、王荣科、王先俊等主编:《政治人物辞典》,南京:南京大学出版社,1992年,第86页。

相继建立了吞武里王朝与曼谷王朝。①

　　素可泰王朝时期,佛教已被尊为暹罗的国教。该王朝的兰甘亨国王(1275—1317 年在位)及其后诸王均虔信佛教。比如,兰甘亨之子卢泰(约 1317—1347 年在位)被暹罗佛教徒尊为"达磨罗阁"(意为"法王")。兰甘亨的孙子吕泰,曾经在王宫内自讲佛经,并于1361 年放弃王位,出家为僧。泰国历史将其尊为第一位出家为僧的国王。②在素可泰王朝,"由国王尊封一位德学具足精通三藏的长老为僧王,另又尊封各府僧伽府长及地方初级僧官,形成全国僧伽行政组织系统"。③到了阿瑜陀耶王朝,佛教更为昌盛:

　　　　僧伽行政组织除沿袭素可泰王朝旧制,另对弘扬佛法有功僧人及具足德学的比丘,概给予尊封僧伽爵位,分为九级:僧王、副僧王、公、侯、伯、子、男及师尊一级、二级;并依僧爵高下,由国家制定食俸。④

　　在阿瑜陀耶时代,明朝郑和的船队于 1408 年经过暹罗。据马欢的《瀛涯胜览》记,当时暹罗"崇信佛教,国人为僧尼者极多。僧尼服

---

　　①　阿瑜陀耶王朝,泰国的封建王朝(1350—1767 年)。14 世纪初,素可泰王朝衰落之时,南方的乌通侯国逐渐强大起来。1350 年,乌通王定都于阿瑜陀耶,号称拉玛铁菩提一世(Ramatibodi Ⅰ),正式建立阿瑜陀耶王朝。中国史籍称它为"暹罗"或"暹罗斛"。新王朝建立之初,不断对外扩张,1438 年最后灭亡素可泰王朝,兼并其所有旧领地。为巩固新王朝统治,实行君主集权制,以省的建制代替侯国土邦,各省的统治者均由国王任命,直属中央。参见张殿吉主编:《外国历史大事典》,石家庄:河北教育出版社,1989 年,第 171～172 页。
　　②　杜继文主编:《佛教史》,南京:江苏人民出版社,2006 年,第 504～505 页。
　　③　僧王,佛教称谓。巴利文 Sangharaja 的意译。参见陈耳东、陈笑呐、陈英呐:《佛教文化的关键词:汉传佛教常用词语解析》,天津:天津古籍出版社,2005 年,第 36 页。
　　④　净海:《南传佛教史》,北京:宗教文化出版社,2002 年,第 240 页。

色与中国颇同,亦住庵观,持斋受戒"。①

　　历史上,暹罗首次向中国遣使朝贡是 1289 年,最后一次向中国遣使朝贡是在 1869 年。在这 580 年之间,暹罗与中国贡使往来的次数,共计 160 次,平均约每 3 年半有 1 次贡使来华。②到了清代,暹罗突破了清朝三年一贡的规定,在约 70 年间就遣使进贡 35 次,变成两年一贡。③暹罗之所以热衷于朝贡贸易,是因为能从中获得丰厚利润。④客观上,两国之间频繁的朝贡贸易促进了地缘文化关系的发展。

　　正是在朝贡贸易的推动下,暹罗王室不拘一格地将华侨华人纳入暹罗社会的中上层。据学者考证,至迟在 1165 年,就有中国商人

　　①　杜继文主编:《佛教史》,南京:江苏人民出版社,2006 年,第 505 页;马欢,字宗道,浙江会稽(今绍兴)人,伊斯兰教徒,通阿拉伯文。《瀛涯胜览》,书成于景泰二年(1451 年)。参见吴枫主编:《简明中国古籍辞典》,长春:吉林文史出版社,1987 年,第 952 页。

　　②　江应梁:《古代暹罗与中国的友好关系》,《思想战线》1983 年第 4 期,第 44～45 页。素可泰王朝,泰国早期的王朝。1238 年,泰族各部在其酋长室利因陀罗(Sri Indraditya)的领导下,乘真腊衰落之机,宣布独立,建立素可泰王国,定都素可泰城。1438 年,被阿瑜陀耶王朝吞并。参见张殿吉主编:《外国历史大事典》,石家庄:河北教育出版社,1989 年,第 171 页。

　　③　石维有:《暹罗王室在垄断贸易中重用华侨的原因》,《东南亚纵横》2004 年第 5 期,第 54 页。

　　④　吞武里王朝,泰国古代的封建王朝。1767 年,缅甸军队消灭阿瑜陀耶王朝。阿瑜陀耶城将破时,达府、甘烹碧府太守郑信率领 500 名士兵突围,来到暹罗湾东南部的罗勇,后以尖竹汶为基地,领导暹罗人民和华侨,抵抗缅甸占领,终于恢复了国家独立。1767 年年底,郑信在吞武里建立新都,登上王位,创建吞武里王朝。郑信王采取救济百姓、发展生产、振兴佛教、分封官吏等措施,恢复国力和经济,并平定了地方割据势力,重新统一暹罗,同时与中国清朝政府建立友好关系。1775 年出兵北部清迈,开拓疆土,为泰国近代的版图奠定基础。1782 年郑信王被部下所杀,吞武里王朝遂灭。参见居三元、张殿英主编:《东方文化词典》,北京:北京大学出版社,1993 年,第 1012～1013 页。

到今日泰国境内,"或贸易,或流寓,成为最早的华侨"。①后来,华商
充任"政府税务承包者和为泰国贵族从事国内外贸易的代理人"。②
长年以来,暹罗向中国的朝贡使节多数为华人。其中,明朝洪武五年
(1372 年)的李清、洪武十四年(1381 年)的陈子仁、宣德八年(1427
年)的黄子顺等人,均以"正贡使"的身份参与暹罗对中国的朝贡贸
易。③ 17—19 世纪初,是华侨在暹罗从事航运业的全盛期。当时华
侨既是暹罗远航商船的建造者,也是暹罗远航商船的驾驶者和经营
者。④另据考证,自 1782 年曼谷王朝建立以来,直到曼谷王朝的拉玛
四世时期(1851—1868 年在位),暹罗的对华贸易几乎完全由华裔商
人负责。⑤ 1578 年,明朝首辅张居正在"四夷馆"内增设了"暹罗馆",
而"暹罗馆"编写的《暹罗馆译语》是中国历史上最早的一部《暹(泰)

　　① 　[泰]洪林、黎道纲主编:《泰国华侨华人研究》,香港:香港社会科学出
版社有限公司,2006 年,第 5 页。引自黄素芳:《17—19 世纪中叶暹罗对外贸易
中的华人》,《华侨华人历史研究》2007 年第 2 期,第 67 页。

　　② 　[泰]黎道纲:《1782—1855 年间鲍林条约签约前的泰国华侨》,载[泰]
洪林、黎道纲:《泰国华侨华人研究》,香港:香港社会科学出版社,2006 年,第
34 页。

　　③ 　黄素芳:《17—19 世纪中叶暹罗对外贸易中的华人》,《华侨华人历史研
究》2007 年第 2 期,第 67 页;贡使,进贡的使臣。罗竹风主编:《汉语大词典》第
10 卷,上海:汉语大词典出版社,1992 年,第 79 页。

　　④ 　华侨华人百科全书编辑委员会:《华侨华人百科全书·历史卷》,北京:
中国华侨出版社,2002 年,第 426 页。

　　⑤ 　聂德宁:《近代中国与暹罗的贸易往来》,《南洋问题研究》1996 年第 1
期,第 20 页;曼谷王朝,吞武里王朝郑信王部将却克里所建,1782 年却克里即
位,号称拉玛一世,把王都迁至曼谷,又称却克里王朝。1932 年民党发动政变,
成立议会,颁布宪法,推翻君主专制,建立君主立宪政体。国王作为国家元首和
国家统一的象征继续存在。该王朝延续至今。参见居三元、张殿英主编:《东方
文化词典》,北京:北京大学出版社,1993 年,第 622~623 页。

汉对照辞典》。[①]在清朝乾隆年间,中国在广州设立"本港行",专门办理对暹罗的贸易、税务等事项。[②]

　　从地缘文化关系的器物层面来看,泰国的许多宗教建筑和庙宇雕塑艺术都带有中国文化的印记。[③]比如,在曼谷王朝拉玛三世时期修建的 60 余座佛教庙宇中,就有 15 座庙宇完全是中式的,其余庙宇也展现出中国传统建筑的艺术风格。[④]此外,曼谷王朝最具代表性的宫殿——挽拍茵宫,完全效仿了北京故宫的建筑风格。[⑤]挽拍茵宫建于阿瑜陀耶王朝末期,拉玛四世时进行扩建,至拉玛五世时竣工。有关这座宫苑的艺术风格,有学者是这样记述的:

　　　　宫内主体建筑是一座红墙绿瓦的中国式王宫,华侨大贾捐资,构件均从中国购回,屋脊镶嵌着丹凤朝阳和双龙戏珠,陪衬着琉璃瓦的飞檐,殿内雕梁画栋,内容多为福寿禄三星、八宝或三国演义故事之类及山水景色。宫门口有一面凤翔龙舞的大照壁。殿内门窗屏风全是金漆木雕。殿内陈设依北京故宫太和殿,正殿设有专供国王登位的"龙椅"。在天明殿内陈放着朱拉隆功大帝的"龙床",墙上高悬蒙谷王和朱拉隆功大帝头戴翎毛帽、身穿中国衮服的巨幅画像,反映了中泰之间的友好交往。[⑥]

---

　　①　陈炎:《海上丝绸之路与中外文化交流》,北京:北京大学出版社,1996年,第 321 页;吕维祺编:《四译馆则》,《近代中国史料丛刊三编》第 31 辑,台北:台湾文海出版社有限公司,1966 年,第 47~48 页。引自段怀清:《传教士与晚清口岸文人》,广州:广东人民出版社,2007 年,第 196 页。

　　②　中国大百科全书总编辑委员会:《中国大百科全书·外国历史卷》,北京:中国大百科全书出版社,1992 年。

　　③　施荣华:《中泰文化交流》,昆明:云南美术出版社,1997 年,第 45 页。

　　④　王民同编译:《泰国华人面面观》,昆明:云南大学出版社,1993 年,第179 页。

　　⑤　施荣华:《中泰文化交流》,昆明:云南美术出版社,1997 年,第 50 页。

　　⑥　韩伟:《天涯足痕:海外考古访问录》,北京:文物出版社,2003 年,第 37~38 页。

中暹两国的文化交融再次体现于瓷器这一器物之中。从阿瑜陀耶王朝至曼谷王朝拉玛五世时期(1868—1910 年)开始,暹罗的王室与贵族为了彰显其地位,"所用的瓷器,如茶具、餐具乃至观赏的瓷花瓶上的花鸟山水等各种图样都是向中国订制的"。同时,这些订制的瓷器所用的图案设计"全为泰国的绘画艺术,而其制作工艺却出自中国工匠之手"。①

在文学艺术方面,中国文化对暹罗的影响同样可圈可点。比如,暹罗学者昭披耶帕康(Chao Phya Phra Klang)把中国古典名著《三国演义》译成泰文。②这一泰文译本出版后,由于情节生动,通俗易懂,"引起泰国社会广泛的反响,一时成为最畅销的书籍。到曼谷王朝五世王时,民间的《三国演义》已经再版了六次"。至今,《三国演义》在泰国仍脍炙人口。③在中国文化的影响下,昭披耶帕康还创造了泰国文学中的一种新文体——"三国文体"。对后世的泰国文化产生了深远的影响。④据学者研究,暹罗的"三国文体"具有以下特色:

　　　　它用词浅近易懂,文句不押韵,行文分段、分章,不以句分行,是十足的散文体,它辞藻华丽,语句短而精练,对话没有引号,又保留了诗歌体的某些特征。它删去了《三国演义》中章回回目和章回结尾承上启下,对仗工整的偶句,以及章回起首"话说"、"却说"和结尾"欲知后事如何,且听下回分解"等不适应泰国文学传统的章回小说文体的特征。所以它已不完全是《三国演义》的文体。但它又吸取了《三国演义》中章节明快,结构紧

　　①　陈炎:《海上丝绸之路与中外文化交流》,北京:北京大学出版社,1996年,第 328 页。

　　②　王伯恭主编:《中国百科大辞典 9》,北京:中国大百科全书出版社,1999年,第 6769 页。

　　③　陈炎:《海上丝绸之路与中外文化交流》,北京:北京大学出版社,1996年,第 323 页。

　　④　蒋玉莲:《影响中国—东盟文化交流与合作的因素及对策分析》,《广西大学学报(哲学社会科学版)》2006 年第 5 期,第 21 页。

凑,文中多比喻、格言的特征。这又是以往繁复拖沓的泰国古代诗歌中所没有的新东西,它形成了一种有独特风格的《三国》文体。①

此外,华人还将中国乐器(比如笛子、扬琴和二胡)带入了暹罗,"泰国音乐家加以改造后形成了泰国式的扬琴、二胡、京胡,这些乐器如今已成为泰国民众用于演奏泰国民族音乐的主要乐器"。②

从制度层面来看,暹罗使用过中国的历法。历史上,暹罗曾使用过五种方法纪年(大历、小历、佛历、十二生肖、干支)和三种方法纪日(阴历白分黑分纪日法、七曜星期周、干支)。③其中,干支纪年、纪日法,就从中国传入的。例如,1292—1518 年间,在泰国发现的素可泰碑铭之中,有 7 块使用了中国的干支纪年和纪日。暹罗的干支纪年、纪日法与广西壮侗语族、云南西双版纳傣族使用的干支纪年、纪日法,是"完全相同"的。④

另据考证,暹罗的"六十周期生肖纪年法是从中国六十甲子周派

---

①　戚盛中:《中国古代通俗小说在泰国》,《国外文学》1990 年第 1 期,第73 页。

②　朱振明:《中泰关系发展中的一个亮点:中泰文化交流》,载李一平、刘稚主编:《东南亚地区研究学术研讨会论文集》,厦门:厦门大学出版社,2011 年,第 502 页。

③　以七曜日记算日历的一种方法,渊源于上古的埃及和巴比伦。罗马帝国强盛时,采用此种历法,并在所属各国中推行,从而传入中亚。唐朝中期,摩尼教的传教士又将这种历法由中亚传入中国,中国的记曜顺序为日、月、火、水、木、金、土,周而复始,循环不绝。参见雪犁主编:《中国丝绸之路辞典》,乌鲁木齐:新疆人民出版社,1994 年,第 474 页。

④　周思源主编,马树德编著:《中外文化交流史》,北京:北京语言文化大学出版社,2000 年,第 176 页;陈炎:《海上丝绸之路与中外文化交流》,北京:北京大学出版社,1996 年,第 319~320 页;素可泰碑铭,泰国素可泰王朝时期(1238—1350 年)用泰文在石碑上镌刻的铭文,是现存最早的古泰语文献。参见刁绍华主编:《外国文学大词典》,长春:吉林教育出版社,1990 年,第 185 页。

生的。不过,这只是干支纪年的一种变异,并不等于就是干支纪年"。①

柬、泰称呼生肖时不用中国的地支代称,而是用据说可能是华南某种少数民族称十二肖兽的词汇,即 Juad 鼠,Chalu 牛,Khal 虎,Tho 兔,Marong 龙,Maseng 蛇,Mamia 马,Mamae 羊,Vok 猴,Raka 鸡,Co 狗,Kun 猪。这十二生肖纪年后来又发展到与巴利语 1~10 的序数循环相配,周而复始,合成以六十年为一个周期的生肖纪年法。十个巴利语数序是:Ekkasok 为第 1 年,Thosok 为第 2 年,Trisok 为第 3 年,Chattusok 为第 4 年,Benchasok 为第 5 年,Chosok 为第 6 年,Sattasok 为第 7 年,Atthasok 为第 8 年,Navasok 为第 9 年,Samritthisok 为第 10 年。生肖属与序数相配时,序数在后,它和六十甲子周相符,可以互相核对。如己巳为 Maseng Ekkasok 即蛇 1 年,Mamia Thosok 为庚午即马 2 年,羊 3 年为 Mamae Trisok 即辛未年等等。但六十甲子周从甲子始到癸亥结束,而六十周期生肖纪年却是从己巳(蛇 1 年)开始到戊辰(龙 10 年)结束。②

除了历法,中国与暹罗文化交融的另一个例证是,暹罗王室有一种将华侨华人封爵的传统。为了追求与经济地位相等的社会地位,华人大都寻求国王和王公贵族的保护。③最经典的例子,应数"1750 年到暹罗谋生的福建海澄人吴让,在吞武里、曼谷王朝时,被封为宋卡侯王,此官职由吴氏家族世袭,历传八代凡 150 年"。④据考

---

①　谢远章:《从素可泰碑使用干支看泰族族源》,《东南亚》1983 年第 00 期,第 23 页。

②　谢远章:《从素可泰碑使用干支看泰族族源》,《东南亚》1983 年第 00 期,第 23 页。

③　赵永胜:《古代泰国政治中的亲属关系和依附制度》,《东南亚》1999 年第 1 期,第 59 页。

④　黎道纲:《1782—1855 年间鲍林条约签约前的泰国华侨》,载[泰]洪林、黎道纲:《泰国华侨华人研究》,香港:香港社会科学出版社,2006 年,第 34 页。

证,吴让卒于 1784 年。吴氏子孙世代相继,传八世,共计 129 年(1775—1904 年)。"今泰国北大年、陶公、也拉等三府,及马来西亚吉兰丹、丁加奴、吉打、玻璃市等四州,均受其节制。"直至 1896 年暹罗改为省制,吴氏家族才逐渐退出了政治舞台。[1]

此外,暹罗王室中有中国血统的王妃、王子、公主与王公贵族可谓不胜枚举。[2]比如,据学者考证:

> 拉玛二世时,有福建人林氏兄弟,兄长之子为拉玛三世时期的华民政务司侯爵,专门管理华人事务……(其弟之女)入宫为王妃,传后裔为巴莫姓氏,先后出了社尼·巴莫和克立·巴莫两位总理。[3]

在暹罗王室的扶植下,许多华侨华人被委以重任。例如,在阿瑜陀耶王朝的那莱王当政时期,国王的总海事官(Phra Siwipot)与总

① 连心豪:《暹罗宋卡吴国主考略——一个显赫的海澄籍华侨家族》,《闽台文化交流》2009 年第 4 期,第 36 页。

② 傅增有:《中泰文化交流的特点研究》,载北京大学东南亚研究所:《东南亚文化研究论文集》,北京:经济日报出版社,2004 年,第 150 页。

③ [泰]黎道纲:《华人移民泰国及其对社会的贡献》,载[泰]洪林、黎道纲:《泰国华侨华人研究》,香港:香港社会科学出版社,2006 年,第 10 页;克立·巴莫(Hukrit Pramot),泰国著名的社会活动家、作家。1975 年,曾出任泰国政府总理。在学术方面著述甚丰,在泰国文化、历史、语言、艺术、文学等方面都有很深的造诣。参见季羡林主编:《东方文学辞典》,长春:吉林教育出版社,1992 年,第 470 页。

司法官(Phraya Yommarat)都由华人担任。[①]比如,拉玛二世委命华侨许泗章为万伦府的长官,其后许泗章的四个儿子被拉玛五世封爵,还被任命为暹罗南部的地方长官。在拉玛三世(1824—1851 年)时期,暹罗的万伦、宋卡和真他武里府的长官均由华人担任。[②]

鸦片战争后,清政府的财政负担沉重,已难以维持朝贡贸易中的巨大开支,无法为暹罗提供预期的经济利益。[③]拉玛四世与英国政府代表 J. 鲍林签订《英暹通商条约》,亦称为《鲍林条约》(Bowring Treaty)。该条约共 12 款,主要内容如下:

　　①英国设领事馆于曼谷;此后,在泰国的英国公民只受英国领事管辖,在泰国境内犯罪的英国公民只能由英国领事根据英国法律加以审判。②英国公民可以在泰国任何港口从事自由贸易,可以在泰国各地自由旅行、自由勘探与开采矿藏,可以在泰国永久居留及购置、租赁房地产,并与泰国人直接贸易,泰国政府不得加以干涉。③英国输入泰国的商品只缴纳商品价格 3%

---

　　①　那莱王(Narai,1632—1688),阿瑜陀耶王朝第 27 代国王。1656 年在王室混乱中继位。1662 年曾一度占领清迈、下仰光等地,不久失去对清迈的控制权。在位期间,重视加强与西方的联系。1659 年,接纳到阿瑜陀耶避难的英国东印度公司驻柬埔寨商馆代表。在荷兰武力威逼之下,1664 年与荷兰签署新约。荷兰取得在暹罗全境自由经商及享有领事裁判权等特权。同年接待法国传教会教士,准许他们在暹罗传教,并在阿瑜陀耶修建教堂和神学院。采取以夷制夷的方式,借法国力量与荷、英抗衡,来维护国家独立。1680—1686 年间,多次与法国路易十四宫廷通使。1683 年任命希腊人范尔康为对外贸易总监,封爵为昭披耶威差仁,1685 年 12 月与法国签订宗教条约和商业贸易条约,1686 年派哥沙班出使法国,拒绝法国让他皈依天主教的劝说。他促进暹罗文学发展,著有诗集、故事集多部,执政期间文学艺术繁荣。参见居三元、张殿英主编:《东方文化词典》,北京:北京大学出版社,1993 年,第 689 页。

　　②　William, Skinner G., 1957. Chinese assimilation and Thai politics. Journal of Asian Studies,16(2):241.

　　③　高伟浓:《走向近世的中国与"朝贡"国关系》,广州:广东高等教育出版社,1993 年,第 59、62 页。

的进口税;同时,泰国向英国出口货物则分别固定税额,一次完税。此外,允许英国商人免税输入鸦片与金银块。④英国军舰可以自由进入湄南河口,停泊于北榄要塞。①

《鲍林条约》有关领事裁判权等条款,破坏了泰国的司法独立。同时,协议中关于关税、自由贸易和自由开矿等一系列规定,剥夺了泰国的关税自主权。②在1855—1899年,暹罗先后与英、法、丹麦、荷兰、德、瑞士、挪威、比利时、意大利、俄国和日本等15个国家签订了各种不平等条约。③正如段立生所说:

> 暹罗拉玛四世错误地认为,与列强签订条约,表示自己已立于世界强国之林,是外交上的胜利。殊不知,在不平等条约的束缚下,暹罗从此被纳入资本主义世界经济体系,成为帝国主义列强争夺原料产地、投资场所、商品市场、划分势力范围的角逐对象,从而沦为半殖民地的经济地位。④

由于暹罗对外贸易的情况发生了根本性变化,英国在亚洲的殖民地成了暹罗进出口贸易的主要对象,而"对华贸易再也不是暹罗政府财政收入的主要来源"。⑤换言之,暹罗可以通过其他渠道获取经济利益,至此中国与暹罗的朝贡贸易走向了终结。

直到1911年辛亥革命之后,中泰之间并未建立起近代的外交关系,"最终还是以民办的中华总商会和各种社团肩负起护侨的责任"。⑥直到1946年,中泰两国才正式建交。在此期间,"由于中国与

①　中国大百科全书总编辑委员会:《中国大百科全书·外国历史卷》,北京:中国大百科全书出版社,1992年。

②　中国大百科全书总编辑委员会:《中国大百科全书·外国历史卷》,北京:中国大百科全书出版社,1992年。

③　段立生:《泰国通史》,上海:上海社会科学院出版社,2014年,第173页。

④　段立生:《泰国通史》,上海:上海社会科学院出版社,2014年,第173页。

⑤　余定邦、喻常森等:《近代中国与东南亚关系史》,广州:中山大学出版社,1999年,第258页。

⑥　段立生:《泰国通史》,上海:上海社会科学院出版社,2014年,第312页。

暹罗无法建立正式外交关系,遇有外交问题,只能通过中国驻日公使与暹罗驻日公使在东京商谈"。①

# 第三节　缅甸

蒲甘王朝首次正式遣使中国,是在江喜佗国王统治时期(1084—1112 年),即宋徽宗崇宁五年(1106 年)。②当时,蒲甘王朝已统一了缅甸,而中国的宋王朝则"以大国礼节接待来使"。据《宋史·蒲甘国》记载:

> 蒲甘国,崇宁五年,遣使入贡,诏礼秩视注辇。尚书省言:"注辇役属三佛齐,故熙宁中敕书以大背纸,缄以匣袱,今蒲甘乃大国王,不可下视附庸小国。欲如大食、交阯诸国礼,凡制诏书并书以白背金花绫纸,贮以间金镀管钥籥,用锦绢夹袱封以往。"从之。③

蒲甘王朝于 1287 年灭亡后,直至 1531 年东吁王朝建立,前后共约 250 年,缅甸史称这一时期为"战国时代"。其间,缅甸境内形成了四股势力,即"占据上缅甸地区的掸族缅族联合政权——阿瓦王朝;下缅甸孟族地区的勃固王朝;若开地区的四城王朝和位于缅甸中部锡当河以北一带的东吁王国"。④值得注意的是,即便在"战国时代",缅甸的各方势力依然很重视佛教。比如,缅甸历史上唯一一位女王——勃固王朝的信修浮女王(1455—1472 年在位)执政时,缅甸佛

①　余定邦、喻常森等:《近代中国与东南亚关系史》,广州:中山大学出版社,1999 年,第 268 页。

②　刘义棠:《中国边疆民族史(修订本)》(上、下册),台北:台湾中华书局股份有限公司,1982 年,第 557 页。

③　[元]脱脱等:《宋史》卷四百三十二至卷四百九十六,长春:吉林人民出版社,1995 年,第 9679 页。

④　梁志明、李谋、杨保筠:《东南亚古代史:上古至 16 世纪初》,北京:北京大学出版社,2013 年,第 396、399 页。

教就进入了一个鼎盛时期。①

1531 年,东吁王朝结束了"战国时代",重新统一了缅甸。②与之前的历代王朝一样,东吁王朝的统治者将"佛教的最高领袖尊为国师,让高僧和官吏一起制定法律,在全国各地施行"。③特别是东吁王朝的国王莽应龙,他在位 30 年严禁杀生,并把上座部佛教推广到缅北边境地区,使佛教盛极一时。④

东吁王朝之后的贡榜王朝,是缅甸最后一个封建王朝。在贡榜建立,故名。在该王朝的孟云(Bodawpaya)国王执政时,缅甸与中国的使节往来频繁,"其进献的贝叶缅字经、金塔、金叶表、缅长寿佛,今已成为中国珍贵文物"。光绪元年(1875 年),东吁王朝最后一次遣使中国。⑤从蒲甘王朝到东吁王朝,缅甸历代帝王均以佛教建国、治国。

① 傅新球:《缅甸佛教的历史沿革》,《东南亚纵横》2002 年第 5 期,第47 页。

② 东吁王朝,缅甸封建王朝。1531 年由莽瑞体建立。他与其继承者莽应龙先后以武力征服勃固西部阿拉干、中部阿瓦和北部掸邦诸小国,以勃固为首都,国家疆域包括上下缅甸和掸邦,将势力伸展到泰国、印度支那和印度。封建制度进一步发展,社会经济繁荣。1581 年莽应龙卒后,王室内讧,战争连年,人民不断起义。17 世纪开始,葡萄牙、荷兰等西方殖民势力相继侵入。第五代国王阿拉毕隆一度重新统一缅甸大部分地区。其后,王朝衰微不振。1635 年迁都阿瓦。1752 年缅甸南部的孟族人攻陷阿瓦城,生俘国王,遂亡。参见李植楠主编:《外国历史辞典》,武汉:湖北教育出版社,1991 年,第 272 页。

③ 余定邦:《缅甸的佛教文化对政治和外交的影响》,载段立生、黄云静、范若兰等:《东南亚宗教论集》,[泰]曼谷:大通出版社,2002 年,第 36 页。

④ 杜继文主编:《佛教史》,南京:江苏人民出版社,2006 年,第 502～503页;净慧主编:《南传佛教史简编》,北京:中国佛教协会,1991 年,第 99 页。

⑤ 朱杰勤、黄邦和主编:《中外关系史辞典》,武汉:湖北人民出版社,1992年,第 22 页 。

　　华侨迁居缅甸可以上溯到 13 世纪的元代。①在明代,迁居缅甸的华侨较多,主要是云南籍人,同时,来自广东、福建以及四川、贵州一带的商人和手工业者也开始进入缅甸。②明朝之后,广东、福建等地的华人陆续由海陆来到缅甸南部的丹老(Mergui)和土瓦(Dawei)等地。清初,闽、粤华人乘船到缅甸中部的仰光,之后才逐渐向上缅甸地区发展。③据考证,18 世纪,位于中缅边境的茂隆银厂和波龙银厂相继建成,这两个银厂各有云南籍的汉族矿工 4 万余人。④其间,华人通过跨境通道往返中、缅之间,他们入缅经商、通婚已极其

　　①　[日]小泉允雄著,郭梁译:《"缅甸式社会主义"制度下的华侨》,《南洋资料译丛》1978 年第 4 期,第 121 页。

　　②　傅增有:《中泰文化交流的特点研究》,载北京大学东南亚研究所:《东南亚文化研究论文集》,北京:经济日报出版社,2004 年,第 135 页。

　　③　杨庆南:《世界华侨华人历史横纵》,厦门:厦门大学出版社,1994 年,第 83 页;丹老,缅甸南部港市。丹老一名系出清魏源《圣武纪》所载的"丹老国",至今华侨沿称丹老。《清史稿·缅甸传》称作"墨尔阶",亦即英名 Mergin 的译音,故丹老又名墨吉。位于丹那沙林河河口,也是丹老群岛一带的最大港市。19 世纪末曾以产珍珠著名,现以生产橡胶及采锡为主,其周围沿海地带还是缅甸燕窝的主要产地。参见华侨华人百科全书编委会:《华侨华人百科全书·社区民俗卷》,北京:中国华侨出版社,2000 年,第 67 页。

　　④　方铁:《云南跨境民族的分布、来源及其特点》,《广西民族大学学报(哲学社会科学版)》2007 年第 5 期,第 12 页;茂隆银厂,清乾隆(1736—1795 年)初由云南省石屏县汉人吴尚贤在阿佤山西北部的班洪、班老一带开办的大型银矿。周围百余里,矿工二三万(有说十余万)大都为招募的贫苦汉人,每年向清政府纳税银数千两。矿工们一面开矿,一面种地。嘉庆五年(1800 年),被政府下令封闭。参见高文德主编:《中国少数民族史大辞典》,长春:吉林教育出版社,1995 年,第 1332 页;波龙银厂,又作波弄银厂。清代,南明官属后裔桂家集团首领宫里雁率众开办。地在木邦。清乾隆(1736—1795 年)间最盛,乾隆二十七年(1762 年),银厂被废弃。参见高文德主编:《中国少数民族史大辞典》,长春:吉林教育出版社,1995 年,第 1517 页。

平常。①

　　在缅甸,有关中国文化和佛教文化对当地产生影响的实例较多。其中,据缅甸的《琉璃宫史》记载,"缅甸人大多是在朝贡交往、战争谈判与求和中使用中国布匹,这说明缅甸人认为中国布匹是质量上乘和高贵的物品"。②此外,中国式样的百叶窗广泛用于缅甸的民间住宅,颇受缅甸人的青睐。不仅如此,修建于缅甸曼德勒的宫廷建筑,明显表现出中国故宫的建筑艺术风格。③

　　就中国与缅甸的佛教文化交流而言,缅甸产的玉石发挥了重要的作用。另据考证,缅甸开采玉石的技术是由中国人传入缅甸的。中缅之间的大规模玉石贸易也始于元朝。④缅甸的玉石历来是雕刻玉佛的珍贵材料,一向被佛教界所推崇。现今中国的诸多佛教名胜,都供养着缅甸佛教徒赠送的玉佛,例如四川峨眉山金顶的大玉佛和上海玉佛寺的大玉佛等。此外,杭州灵隐寺、福州涌泉寺等寺院也供奉着缅甸赠送的玉佛。⑤此外,历史还见证了中国的南传佛教对缅甸的影响。比如,在缅甸的阿难陀寺中珍藏着 1500 幅壁画,这些壁画与中国的敦煌壁画有许多相同之处。⑥另据学者考证,缅甸建造的佛塔、佛像,受到了汉传佛教文化的影响。其中,在兴建于 11 世纪的悉

---

　　①　释自懋:《缅甸仰光汉传佛教团体之发展与困境》,慈辉大学硕士学位论文,2005 年,第 86 页。

　　②　张旭东:《试论〈琉璃宫史〉中对中国形象的认知》,载李谋、李晨阳、钟智翔主编:《缅甸历史论集:兼评〈琉璃宫史〉》,北京:社会科学文献出版社,2009 年,第 297 页;余定邦:《中缅关系史》,北京:光明日报出版社,2000 年,第 20 页。

　　③　张维华主编:《中国古代对外关系史》,北京:高等教育出版社,1993 年,第 421 页。

　　④　余定邦:《中缅关系史》,北京:光明日报出版社,2000 年,第 41~42 页。

　　⑤　陈炎:《海上丝绸之路与中外文化交流》,北京:北京大学出版社,1996 年,第 294 页

　　⑥　陈炎:《海上丝绸之路与中外文化交流》,北京:北京大学出版社,1996 年,第 284 页。

塔那佛塔和瑞珊陶佛塔中,均有来自中国的弥勒佛像。[①]

# 第四节　柬埔寨和老挝

## 一、柬埔寨

　　吴哥王朝,是"以吴哥为首都进行统治的真腊政权"。大约 802 年,国王阇耶跋摩二世建都吴哥。12—13 世纪是其繁荣时期。[②] 其间,苏利耶跋摩二世(1113—1150 年在位)修建了佛教圣迹吴哥窟。[③] 在阇耶跋摩七世(1181—1201 年在位)统治时期,国势再度鼎盛。阇耶跋摩七世不仅虔信佛教,还尊奉观世音菩萨为保护神,在国内兴建"四面的观音神像"。此外,阇耶跋摩七世还派遣其王子随同使团前往斯里兰卡求取佛法,而这位王子便是柬埔寨历史上南传佛教的第一位传人。[④]柬埔寨男子上至国王,下至平民,一生都要剃度一次,以报答佛恩和取得在社会立足的资格。[⑤]佛教僧侣在柬埔寨享有很高的社会地位,受到各阶层民众的普遍尊敬,即便是国王在僧侣面前也要自示谦卑。[⑥]

　　从 15 世纪末叶起,柬埔寨被长期置于暹罗与越南的统治之下,

----

　　① 余定邦:《中缅关系史》,北京:光明日报出版社,2000 年,第 21 页。

　　② 李植楠主编:《外国历史辞典》,武汉:湖北教育出版社,1991 年,第 270 页。

　　③ 丁建弘、孙仁宗主编:《世界史手册》,杭州:浙江人民出版社,1988 年,第216 页。

　　④ 杜继文主编:《佛教史》,南京:江苏人民出版社,2006 年,第 508～509 页。

　　⑤ 李晨阳:《佛教在当代柬埔寨政治中的作用》,《东南亚纵横》1995 年 4 月,第 46 页。

　　⑥ 李晨阳:《佛教在当代柬埔寨政治中的作用》,《东南亚纵横》1995 年 4 月,第 47 页。

而中国的史籍中也找不到柬埔寨遣使中国的记录。在暹罗、越南控制柬埔寨时期以及其后的法国殖民时期,"柬埔寨的文化发展受到极大的破坏与限制"。[①]从有限的史料来看,17 世纪前,移居柬埔寨的华侨华人呈现出"零星和分散"的态势。17 世纪后,移居该国的华侨华人表现出"群体性"的趋势。[②]另据《嘉定通志》记载,在柬埔寨各地,皆仿效中国的惯例。例如冠婚丧祭之礼,元旦、端阳、七夕、中秋等节日庆典,"多如华制度"。[③]1863 年,法国迫使柬埔寨的诺罗敦国王签署了法柬条约,将柬埔寨完全置于法国的保护之下,与殖民地无异。[④]

## 二、老挝

在 10 世纪之后,相继迁入老挝地区的泰佬人开始兴起,并陆续建立了许多小国。其中,以琅勃拉邦的孟斯瓦国最为强盛。1353年,孟斯瓦国的王子法昂建立了以佬族为主体的封建国家——澜沧王国,大致形成了现今老挝的版图。[⑤]

时至 1383 年,"老挝"这一称谓正式出现于中国的史书中。据雍正时期的《顺宁府志》记载,明朝洪武十六年(1383 年)"麓川、缅甸、车里、老挝、八百皆内附,准为宣慰司"。[⑥]上述文献中记载的"老挝",指的就是 1353 年建立的澜沧王国。[⑦]在老挝建国初期,其遣使中国

①　钟楠:《柬埔寨文化概论》,北京:世界图书出版有限公司,2014 年,第59 页。

②　陈显泗:《柬埔寨两千年史》,郑州:中州古籍出版社,1990 年,第533 页。

③　陈显泗:《柬埔寨两千年史》,郑州:中州古籍出版社,1990 年,第550 页。

④　参见中国大百科全书总编辑委员会:《中国大百科全书·外国历史卷》,北京:中国大百科全书出版社,1992 年。

⑤　梁志明、李谋、杨保筠:《东南亚古代史:上古至 16 世纪初》,北京:北京大学出版社,2013 年,第 451 页。

⑥　申旭:《老挝史》,昆明:云南大学出版社,2011 年,第 147～148 页。

⑦　申旭:《老挝史》,昆明:云南大学出版社,2011 年,第 103 页。

的次数较为频繁,尤其是在澜沧王国的桑森泰王(1374—1417 年在位)和兰坎登王(1417—1428 年在位)执政时期,共遣使中国 15 次。[①]假如将明清两代两国的交往次数相加(明来使 34 次,回使 9 次;清来使 21 次,回使 1 次),合计 65 次。[②]

老挝建国之后,南传佛教在历代国王的支持下,发展稳固。16 世纪时,维苏纳腊王(1500—1520 年在位)将佛经三藏译为老挝文。其继承者波提萨腊王"敕令民间专奉佛教"。[③]波提萨腊之子塞塔提腊(1548—1571 年在位)继续护持佛教,在万象修建大舍利塔,该塔后来成为老挝佛教文化的象征。17 世纪,苏里亚旺萨王(1637—1694 年在位)"把佛教统一在王权的管辖之下,任命僧王,制定僧阶,创办佛教学校,提倡佛典研究",老挝佛教进入了全盛时期。[④]据考证,老挝除南传佛教之外,也有汉传佛教流行,而其信众"多半是华裔

---

① 申旭:《老挝史》,昆明:云南大学出版社,2011 年,第 149 页;在桑森泰王执政时期,进一步健全了国家的统治机构,是澜沧王国的繁荣和发展时期。参见郝勇、黄勇、覃海伦编:《老挝概论》,北京:世界图书出版有限公司,2012 年,第 45 页。

② 陈玉龙:《中国和越南、柬埔寨、老挝文化交流》,载周一良主编:《中外文化交流史》,开封:河南人民出版社,1987 年,第 724 页。

③ 维苏纳腊王,老挝南掌国统治者。中国史籍中称其为"刀揽章"。1485 年其兄拉森泰继承其王位后,他任文坎太守,封副王。1495 年起任其侄松普国王的摄政。1500 年登上王位。在位期间提倡文化和佛教,统治较为稳定。参见李锋、王荣科、王先俊等主编:《政治人物辞典》,南京:南京大学出版社,1992 年,第 349 页。

④ 杜继文主编:《佛教史》,南京:江苏人民出版社,2006 年,第 510～511 页;塞塔提腊,老挝南掌国国王,1550—1571 年在位。国王波提萨拉腊之子。1546 年继其外祖父位为清迈国王,后其父王死后继位为南掌国国王,仍兼清迈国王。1560 年定都万象。在位期间继续执行其父保护佛教的政策,修建了著名的玉佛寺。参见李锋、王荣科、王先俊等主编:《政治人物辞典》,南京:南京大学出版社,1992 年,第 413 页。

和越南裔"。①

在这样的环境下,老挝的佛教僧侣在政治生活中发挥了至关重要的作用。以澜沧王国统治时期为例:

> 为了与澜沧王国的行政制度相适应,佛教界也建立起一整套管理机构,上有僧王、僧王会议,下有省僧长、县僧长,直到村中的住持。澜沧国王必须是佛教徒,他们大都在佛寺短期出家,以取得佛界首领的地位。在王国的重大活动中,国王的加冕礼要在佛寺举行,就职时要到佛寺进行宣誓。当王位出现争端时,由僧侣出面调停;王位空缺时,则由高僧住持国家事务。……主要的僧侣被授予职务和爵位,并得到国王的重用,有时甚至将某一地区交由僧侣管辖。②

自建国以来,澜沧王国内部"普遍实行的分封制使地方领主割据,部族分立,历代国王难以在全国真正树立其权威"。同时,王国"统治集团内部的相互争夺和倾轧",为其他中南半岛国家的干预提供了可乘之机。③此外,老挝是一个四战之地。"在相当长的历史时期内,这个国家仅出现过短暂的兴盛与繁荣",而在大多时间里是遭受邻国(比如越南、缅甸和暹罗)的侵扰。④1893年,法国借口军人被害事件,派军舰封锁曼谷,以武力迫使暹罗签订《法暹曼谷条约》,将

---

① 杜继文主编:《佛教史》,南京:江苏人民出版社,2006年,第512页。

② 梁志明、李谋、杨保筠:《东南亚古代史:上古至16世纪初》,北京:北京大学出版社,2013年,第447页。

③ 梁志明、李谋、杨保筠:《东南亚古代史:上古至16世纪初》,北京:北京大学出版社,2013年,第451页。

④ 申旭:《老挝史》,昆明:云南大学出版社,2011年,第119页。

老挝并入了法属印度支那联邦。[①]

# 第五节　马来西亚和新加坡

## 一、马来西亚

华侨迁居马来半岛的历史悠久。至迟在汉代,已有华人到马来半岛经商。随着海上丝绸之路与航海技术的发展,华商日渐增多。[②] 14—15 世纪,在马来半岛的华侨与当地土著妇女结合,其男性混血后裔被称为"峇峇"(Baba),而女性混血后裔则被称为"娘惹"(Nyonya)。[③]"娘惹"语出闽南话中的"娘团",意思是妇女。现在,马来西亚对于已婚且有一定社会地位的华裔妇女,仍沿用此称谓。随着时间的推移,尽管"娘惹"和"峇峇"在服饰、语言与饮食方面几乎都已本地化,他们依然"保留对祖先的祭拜及对神祇的膜拜,也完全保留中国人传统的婚丧仪式及节日庆典"。[④]

---

① 该条约规定,暹罗割让湄公河东岸属地;赔款 300 万金法郎;划湄公河西岸 25 公里及马德望、暹粒两省(今属柬埔寨)为中立区,暹罗不得布防。参见丁建弘、孙仁宗主编:《世界史手册》,杭州:浙江人民出版社,1988 年,第 709 页;中国大百科全书总编辑委员会:《中国大百科全书·外国历史卷》,北京:中国大百科全书出版社,1992 年。

② 参见林远辉、张应龙:《新加坡马来西亚华侨史》,广州:广东高等教育出版社,1991 年;Victor Purcell, 1967. The Chinese in Malaya. Oxford:Oxford University Press;彭家礼:《英属马来亚的开发》,北京:商务印书馆,1983 年;林水檺、骆静山编:《马来西亚华人史》,吉隆坡:吉隆坡马来西亚留台校友会联合会,1984 年;林水檺、何启良、何国忠、赖观福主编:《马来西亚华人史新编》(第 1—3 册),吉隆坡:马来西亚中华大会堂总会出版,1998 年。

③ 林仁川:《明末清初私人海上贸易》,上海:华东师范大学出版社,1987 年,第 200 页。

④ 李元瑾:《从文化殖民的视角重读新加坡海峡华人的失根与寻根》,《华侨华人历史研究》2014 年第 2 期,第 15～16 页。

14世纪以前,马来半岛仍然分立许多小国,各自独立发号施令。①15世纪初,即1405年,拜里米苏刺建立马六甲王国(又称满刺加王国),结束了马来半岛各国割据的局面。②一般说来,这标志着马来西亚近代史的开端。③马六甲王国建立后,其商船经常到中国沿海进行贸易,停泊在广东濠镜(澳门)、东莞屯门和福建的浯屿(金门)附近。④

西方殖民者从1641年开始,对马六甲开始了长达300多年的殖民统治。⑤所幸,海上丝绸之路以及当地的华侨华人与中国的地缘文化联系并未因此而间断。

## 二、新加坡

随着室利佛逝的衰落,新加坡逐渐成为中南半岛地区最具规模的国际性商埠。⑥在13世纪后半叶,新加坡建立了历史上唯一的封

---

① 周伟民、唐玲玲:《中国与马来西亚文化交流史》,海口:海南出版社,2008年,第109页。

② 参见中国大百科全书总编辑委员会:《中国大百科全书·外国历史卷》,北京:中国大百科全书出版社,1992年;马六甲,古时亦名麻六甲。见《东西洋考》、《明史·满刺加国传》和《海录》。《海国闻见录》作麻喇甲。故地即今马来西亚的马六甲。位于马来西亚岛西南部,扼马六甲海峡要冲。原为一渔村,后成为满刺加国首都,15世纪后成为东西方贸易的枢纽和集散地,东南亚最大的海港之一。参见朱杰勤、黄邦和主编:《中外关系史辞典》,武汉:湖北人民出版社,1992年,第683页。

③ 周伟民、唐玲玲:《中国与马来西亚文化交流史》,海口:海南出版社,2008年,第109页。

④ 林仁川:《明末清初私人海上贸易》,上海:华东师范大学出版社,1987年,第200页。

⑤ 参见中国大百科全书总编辑委员会:《中国大百科全书·外国历史卷》,北京:中国大百科全书出版社,1992年。

⑥ 张跃、张琨:《新加坡文化概论》,北京:世界图书出版公司,2014年,第3页。

建王朝——新加坡拉（Singapura）狮城王朝。"Singapura"为梵语，意思是狮城。其实，新加坡历史上并未出现过与狮子相关的记载。以狮城来命名一个王朝，应该与佛教相关。依照佛教《大智度论》的记述，"佛为人中狮子，凡所坐若床若地，皆为狮子座"。在佛教中，狮子"用于彰显佛的无畏与伟大，所以古时被广泛用于崇信佛教地区之命名"。这也从一个侧面证明，在13世纪时，佛教已传入新加坡，并已在当地产生了相当大的影响力。①

据马来史诗《马来纪年》的记载，狮城王朝传五世，于14世纪末亡，五世王共统治123年。②14世纪末狮城王朝灭亡后，马六甲王国取代了新加坡在海上丝绸之路上国际性贸易港口的地位，而新加坡则"沦为马六甲及之后的柔佛—廖内—林加王国的附属地"。③

回溯历史，华人是最早来到新加坡的民族之一。自19世纪中叶以来，华人一直占新加坡人口的大多数。1860年以后，华人占新加坡总人口60％，1901年以后占总人口70％以上。④据统计，从1900年到1940年的40年间，从中国进出马来亚的总人数估计超过1000万人。⑤

　　① 张跃、张琨：《新加坡文化概论》，北京：世界图书出版公司，2014年，第26～28、118页。
　　② 张跃、张琨：《新加坡文化概论》，北京：世界图书出版公司，2014年，第28页。
　　③ 张跃、张琨：《新加坡文化概论》，北京：世界图书出版公司，2014年，第33页。
　　④ 黄家定：《马来西亚多元族群的政治——在厦门大学的演讲》，《南洋问题研究》2006年第2期，第4页；贺圣达：《东南亚文化发展史》，昆明：云南人民出版社，1996年，第449页。
　　⑤ 黄家定：《马来西亚多元族群的政治——在厦门大学的演讲》，《南洋问题研究》2006年第2期，第4页。

# 小　　结

11 世纪后半叶至 19 世纪前半叶,中国与中南半岛国家的地缘文化关系进入了一个发展期。与 11 世纪中叶之前相比,这一时期的地缘文化交流呈现出多层次、多领域的态势。直到 19 世纪后半叶,中国与中南半岛国家被迫与西方列强签订了不平等条约,相继被纳入了资本主义体系。因此,中国与中南半岛地缘文化关系出现了历史性的转折,并进入了一个发展相对平缓的时期。

# 第五章

## 地缘文化关系的平缓期：
## 19 世纪后半叶至 20 世纪 80 年代

在这一时期,中国和中南半岛国家"由于沦为西方的殖民地而在许多方面丧失了文化选择的自主性"。[①]其间,西方文化对中南半岛国家的教育模式产生了长期的影响。比如,"越南和柬埔寨(老挝在某种程度上)采用法国高等教育模式,独立后改为苏联高等教育模式","泰国兴办地方大学是以美国创办州立大学为样板",新加坡吸收了英国的办学模式,"马来西亚的大学基本上是英国高校的翻版"。[②]相比之下,殖民政府对华文教育是不重视或很少重视的,因此,中南半岛国家的华文教育都是由华人社会资助兴办的。[③]正如古鸿廷的分析:

> 华文教育在本地区之发展已近百年,在不妨碍其殖民统治的情形下,英殖民地政府采放任政策,任其自由发展,殖民地政府之态度固缘于其统治目的在经济之剥削,亦因其视华族移民

---

① 贺圣达:《东南亚历史和文化发展:分期和特点》,《学术探索》2011 年第 3 期,第 122 页。

② 张建新:《21 世纪初东盟高等教育》,昆明:云南人民出版社,2010 年,第 44 页。

③ 〔马来西亚〕林马辉著,陈家屯译:《马来西亚的种族关系和阶级关系(上)》,《南洋资料译丛》1987 年第 1 期,第 44 页。

为外来之短暂居留者而不愿负华族子弟教育之责任。①

华文教育是华人华侨社会传承中国传统文化的最重要载体。在中南半岛国家的华侨华人为了中国传统文化的延续,一方面"创办形式不同的华文学校,教授华语",另一方面创办华文报纸。②对于华人华侨而言,他们对华文教育的支持"不仅体现了中华文化中注重教育这一传统,而且也有助于促进华人族群内部的凝聚力与认同感"。③

在这一时期,华文教育与华文报纸相得益彰。可以说,华文教育是华文报纸的依托,而华文报纸则促进了华文教育的深入发展。④ 20世纪20—30年代,中南半岛国家的华文学校、报纸在数量上明显地增加。

不过,中南半岛国家相继"在政治上获得独立后,都在不同程度上推行同化政策,特别是限制甚至完全取缔华文学校和华文报刊"。⑤ 1954年,东南亚条约组织在冷战对峙中成立,该组织"对中国存有很多疑惧"。至于其后创立的东盟,其五个创始国(新加坡、泰国、马来西亚、印度尼西亚和菲律宾)与中国尚无正常的外交关系。⑥后来,随着冷战在亚洲(尤其是东南亚地区)的逐步升级,中南半岛各国政府担心华侨华人"因受华文教育所产生对'中华文化'的文化认

---

① 古鸿廷:《教育与认同:马来西亚华文中学教育之研究(1945—2000)》,厦门:厦门大学出版社,2003年,第56页。

② 廖小健:《战后各国华侨、华人政策比较研究》,《史学月刊》2004年第3期,第72页。

③ 刘宏:《战后新加坡华人社会的嬗变:本土情怀·区域网络·全球视野》,厦门:厦门大学出版社,2003年,第130页。

④ 彭伟步:《华文报纸在华文教育中的作用——以马来西亚华文报纸为例》,《华文教学与研究》2012年第4期,第15页。

⑤ 梁英明:《东南亚史》,北京:人民出版社,2010年,第381页。

⑥ 梁志明:《源远流长,多元复合:东南亚历史发展纵横》,北京:世界图书出版公司,2014年,第338页。

同,进而转变为对'中国'的政治认同,产生'国中有国'的政治危机"。[①]因此,它们在不同程度上对华侨华人实施了同化甚至排斥政策,导致当地的华文教育与华文报纸的发展陷入了低谷。从整体来看,中南半岛国家的华侨华人与中国的文化联系尚未被完全割断。加之,中国与中南半岛国家的佛教文化仍具有一定的影响力。但是,中国与中南半岛国家的地缘文化关系,还是经历了一个发展平缓的时期。

本章依据这一特定时期华侨华人在中南半岛国家的不同境遇,分为以下三节加以阐述。第一节探讨越南、老挝和柬埔寨,这三个国家在冷战期间对华侨华人多采取强制性的同化政策,甚至排斥政策;第二节探讨马来西亚和新加坡,冷战期间,这两个国家对华侨华人采取渐进性的同化政策;第三节分析泰国和缅甸,与上述五国相比,这两个国家对华侨华人的同化政策介于"强制性"与"渐进性"之间。

# 第一节　越南、老挝和柬埔寨

## 一、越南

1862 年 6 月,越南阮朝被迫与法国签订了《西贡条约》,该国由此沦为法国的殖民地。此后,法国为了在越南进行殖民开发,从中国东南沿海地区大批招募华工。据统计,1921 年,华工人数增至 15.5

---

　　①　古鸿廷:《教育与认同:马来西亚华文中学教育之研究(1945—2000)》,厦门:厦门大学出版社,2003 年,第 26 页。

万人。1937年,华工人数增至32.6万。①

　　16世纪,在越南传教的西方的传教士,创制出越语拼音文字"国语字",这种文字是用拉丁字母记录越语发音的。②越南沦为法国的殖民地之后,法国殖民当局推行同化政策,大力推广法语与"国语字"教学,一方面对"土著上层推行殖民同化政策,只有能讲法语、接受法国文化的人,才可以加入法国国籍";另一方面,"对当地平民则实施愚民奴化政策,这使法属印度支那的教育不普及,文盲众多"。③ 从19世纪末至20世纪30年代,通晓"国语字"的越南人已在人数上超过了通晓汉字的越南人。其后,汉字在越南社会的地位逐渐被"国语字"所替代。④在此期间,法国殖民当局一方面在越南(尤其是越南南

　　① 参见陈碧笙主编:《南洋华侨史》,南昌:江西人民出版社,1989年;巫乐华主编:《华侨史概要》,北京:中国华侨出版社,1994年;方雄普、谢成佳主编:《华侨华人概况》,北京:中国华侨出版社,1993年;冯子平:《海外春秋》,北京:商务印书馆,1993年;郭梁:《东南亚华侨华人经济简史》,北京:经济科学出版社,1998年;黄滋生、温北炎主编:《战后东南亚华人经济》,广州:广东人民出版社,1994年;廖小健:《战后各国华侨华人政策》,广州:暨南大学出版社,1996年;吴凤斌主编:《东南亚华侨通史》,福州:福建人民出版社,1994年;杨建成主编:《法属中南半岛之华侨》,台北:中华学术院南洋研究所,1986年;中国社会科学院历史研究所编:《古代中越关系史资料选编》,北京:中国社会科学出版社,1982年;华侨华人百科全书编委会:《华侨华人百科全书》,北京:中国华侨出版社,1999—2002年;朱国宏:《中国的海外移民——一项国际迁移的历史研究》,上海:复旦大学出版社,1994年;朱杰勤:《东南亚华侨史》,广州:高等教育出版社,1990年。
　　② 林明华:《汉语与越南语言文化(上)》,《现代外语》1997年第1期,第55页。
　　③ 梁志明:《源远流长,多元复合:东南亚历史发展纵横》,北京:世界图书出版公司,2014年,第162页。
　　④ 钟珊:《近代越南文化的变迁》,《东方论坛》2013年第5期,第52~53页。

方）宣扬天主教,另一方面颁布法令宣布佛教为非法宗教。[①]

　　在这段时期内,越南华侨华人的境遇在中南半岛各国中是最为曲折的。在法属印度支那,极少数儿童有机会接受以宗主国语言授课的小学之后的教育。[②]在 20 世纪以前,越南的华文教育是华侨华人兴办的私塾。[③]1918 年,法国牧师在越南创办了第一份华文报纸《南圻日报》。其后,余奋公等人于 1925 年创办了《群报》。[④]

　　随着冷战在东南亚地区的升级,1954—1957 年,南越政府对华侨实行同化政策。比如,"在 1955 年、1956 年、1957 年三次修改国籍法,强迫华侨放弃中国国籍而加入越南籍"。[⑤] 1956 年,南越政府明令禁止华侨出国。1957 年,越南南部"原有的华文课程一律改为越南文"。据统计,当时有 260 余所华侨中小学废止了华文课程。[⑥] 20 世纪 70 年代中期,越南南北统一之后,越南政府开始对华侨华人实施同化、排斥政策。比如,1976 年越南政府先对越南南方的华侨华人进行同化和排斥。其后,该国政府又颁布法令,对越南北方的华侨华人实施同化和排斥,其中包括"剥夺居住在北方的华侨和华裔越南公民的就业和升学权利,解除公职,开除军籍"等。与此同时,华侨兴

――――――――――

　　① 参见 Topmiller, Robert J. , 2006. The Lotus unleashed: The Buddhist Peace Movement in South Vietnam, 1964—1966. Kentucky: The University Press of Kentucky;汪新生:《论法国殖民政策与越柬关系》,《东南亚研究》1986 年第 1 期。

　　② ［英］安妮・布思著,徐斌译:《东南亚的教育与经济发展:神话和现实》,《南洋资料译丛》2000 年第 4 期,第 37 页。

　　③ 华侨华人百科全书编委会:《华侨华人百科全书・教育科技卷》,北京:中国华侨出版社,1999 年,第 385 页。

　　④ 华侨华人百科全书编委会:《华侨华人百科全书・历史卷》,北京:中国华侨出版社,2002 年,第 586 页。

　　⑤ 庄国土:《二战以后东南亚华族社会地位的变化》,厦门:厦门大学出版社,2003 年,第 470 页。

　　⑥ 庄国土:《二战以后东南亚华族社会地位的变化》,厦门:厦门大学出版社,2003 年,第 470 页。

办的报刊及侨社团体也被越南政府宣布为非法,被迫关闭或解散。①

　　1978 年年底越南出兵柬埔寨,这导致中越一度交恶,两国的敌对状态持续了 10 年之久。②自 1978 年以来,越南政府开始驱逐国内的华侨华人。截至 1979 年 6 月底,被驱逐到中国的越南难民,累计 25 万多人,其中将近 3 万人拥有越南国籍。③在幸免的越南华人中,"大部分人仍然在城市中靠传统的小手工业、小商业在夹缝中维持生计"。④

　　在越南,"华人的生存和发展空间在很大程度上仍然取决于越南民主制度的逐步完善,和政府奉行宽容的民族政策与否"。⑤1986年,越南政府为发展经济,"强调华人与越南其他民族一样同为越南公民,得以享受并履行越南公民的一切权利与义务"。直到 1991 年 11 月,越南同意中国关于柬埔寨问题广泛的政治解决的要求后,中越两国关系才实现正常化。⑥1992 年 9 月,中越两国恢复了互派留学生工作。目前,越南仅存的一份华文报纸是《解放日报》,即越南政

---

① 华侨华人百科全书编委会:《华侨华人百科全书・法律条例政策卷》,北京:中国华侨出版社,2000 年,第 556 页。
② [澳大利亚]卡莱尔・塞耶著,许丽丽译:《越南与崛起中的中国——成熟的不对称性动力》,《南洋资料译丛》2010 年第 4 期,第 36 页。
③ 朱杰勤、黄邦和主编:《中外关系史辞典》,武汉:湖北人民出版社,1992年,第 396 页。
④ 庄国土:《二战以后东南亚华族社会地位的变化》,厦门:厦门大学出版社,2003 年,第 337 页。
⑤ 庄国土:《二战以后东南亚华族社会地位的变化》,厦门:厦门大学出版社,2003 年,第 349 页。
⑥ [澳大利亚]卡莱尔・塞耶著,许丽丽译:《越南与崛起中的中国——成熟的不对称性动力》,《南洋资料译丛》2010 年第 4 期,第 36 页;华侨华人百科全书编委会:《华侨华人百科全书・历史卷》,北京:中国华侨出版社,2002 年,第 586 页。

府主办的越文《西贡解放报》的中文版。[①]

## 二、老挝

与柬埔寨相比,老挝佛教的境遇稍好一些。老挝成为法国的殖民地之后,佛寺不仅保留了部分的教育权,还"有分层级的机构,全国之下分为州县,次为乡村,然后各佛寺,都有僧人专职管理"。[②]老挝独立后,通过1947年的宪法再度将佛教认定为国教。[③]老挝人民革命党执政后,将佛教定位为"相当于国教地位的宗教",把老挝著名佛塔"塔銮"作为国徽图案的一部分,将其视为国家的象征,也彰显了佛教在老挝的特殊地位。[④]

老挝的华侨华人的境遇类似于越南和柬埔寨。在殖民时代,法国殖民当局为了开发殖民地,用各种政策吸引华侨华人移民老挝,例如"允许中国移民无偿开垦土地,免征收出入口货物税,自由出入境等"。据官方统计,第二次世界大战结束之后,老挝的华侨有4万~4.5万人。20世纪70年代,该国的华侨华人已增至将近10万。[⑤]

不过,与其他中南半岛国家相比,老挝华侨华人的人数相对较

---

①　张宇权:《论中国与东南亚国家教育交流存在的问题及建议》,载李一平、庄国土主编:《冷战以来的东南亚国际关系》,厦门:厦门大学出版社,2005年,第236页。

②　净海:《南传佛教史》,北京:宗教文化出版社,2002年,第310页。

③　杜继文主编:《佛教史》,南京:江苏人民出版社,2006年,第511页。

④　中共中央对外联络部课题组:《老挝人民革命党处理宗教问题的探索与实践》,《当代世界与社会主义》2006年第4期,第19页;塔銮,位于万象北郊。初建于737年(一说为古印度护法王阿育王所建),塔下埋有佛祖释迦牟尼舍利。塔基共三层,底层长61.3米,宽约58米;第二层建有30个小塔,象征佛祖的30种恩德;第三层为主塔,下部为三层方形建筑,上部为圆形,塔尖如锥,高耸入云。参见任道斌主编:《佛教文化辞典》,杭州:浙江古籍出版社,1991年,第513页。

⑤　华侨华人百科全书编委会:《华侨华人百科全书·历史卷》,北京:中国华侨出版社,2002年,第234页。

少。值得注意的是,老挝的现代教育体系建立较晚。比如,直至
1902年,老挝才建立了小学制度。1921年,老挝设立了初级中学。
据统计,在法国殖民老挝的50余年里,老挝仅培养出50名中学毕业
生。[①]老挝的高等教育起步更晚,直到1958年,才在万象创办了皇家
法律和管理学院。[②]在这样的环境下,老挝的华文教育发展也相对滞
后,该国的华侨华人于1929年开设了私塾。[③]

　　老挝独立后,在政治与军事上仍陷于国内右派、左派和中立派之
间的纷争。当时,"各派维持和发展自己的势力,并时常发生政变和
战争"。[④]华侨华人也不可避免地被裹挟其中。20世纪50年代后期,
老挝的右派势力执政,推行限制、排斥华侨华人的政策。比如,1959
年,老挝政府颁布法令,禁止外侨经营以下12种行业:海关人员、水
陆运输业、移民局职员、武器弹药、收音机及零件、印刷业、汽车司机、
林业、柴炭业、典当业、肉鱼业和理发业。[⑤]

　　其后,华侨华人面临的形势愈发严峻。1975年,老挝人民革命
党执政,一度推行排斥华侨华人的政策。这主要是因为,当时老挝仍
受到越南的影响,"在经济建设中照搬越南模式"。比如,"在农村,强
制实行集体化政策,限制家庭副业生产。在城镇,实行消灭私营工商
业及其他政策,致使经济衰退恶化"。[⑥]老挝的华侨华人自然也受到
了负面影响。比如,1975年之后,除万象的"寮都中学"幸免之外,老

---

　　①　杜继文主编:《佛教史》,南京:江苏人民出版社,2006年,第511页。
　　②　张建新:《21世纪初东盟高等教育》,昆明:云南人民出版社,2010年,
第24页。
　　③　顾明远主编:《教育大辞典·增订合编本》上,上海:上海教育出版社,
1998年,第940页。
　　④　净海:《南传佛教史》,北京:宗教文化出版社,2002年,第311页。
　　⑤　华侨华人百科全书编委会:《华侨华人百科全书·经济卷》,北京:中国
华侨出版社,2000年,第244页。
　　⑥　胡福明、李真、陈兆德、杨尔烈:《简明社会主义辞典》,南京:江苏人民
出版社,1991年,第386页。

挝全国的其他华校均被勒令停办。① 1976 年，老挝政府又封闭了华人的商店与工厂，"强制华侨华人弃商从农"。1978 年，老挝政府开始没收华侨华人的财产。② 上述这些政策，令老挝的华侨华人与华文教育蒙受了莫大的损失。

　　冷战期间，老挝长期受越南影响，因此该国华侨华人的境遇与越南的情形颇为类似。至 1980 年，老挝的华侨华人仅有 1 万人左右。据学者研究，"当今的老挝华侨华人社会，无论在经济基础和籍贯结构方面，基本上不是历史上华侨社会的延续，而是由少数留在本地的华人，和 20 世纪 80 年代后期回归的华人，以及来投资的新华侨重新建构的"。③

　　直到 1987 年，老挝实施改革开放政策后，才改变了对华侨华人和华文教育的政策。20 世纪 80 年代末 90 年代初以来，随着国际和地区形势的变化，老挝政府加快对华方针和政策的调整，把发展同中国的全面合作关系提到了首位。④目前，老挝对华文学校实施双重管理，即允许"华人自己管理华文学校，同时也必须接受老挝教育部门的统一管理"。此外，该国华文学校的学生在学习华文的同时，也需要学习老挝中小学的全部必修课程。⑤

　　① 由于泰国政府在相当长时间内采取限制华校的政策，许多泰国华人和旅泰华侨纷纷把子女送到老挝万象的寮都中学上学。参见华侨华人百科全书编委会：《华侨华人百科全书·教育科技卷》，北京：中国华侨出版社，1999 年，第298 页。
　　② 华侨华人百科全书编委会：《华侨华人百科全书·历史卷》，北京：中国华侨出版社，2002 年，第 234 页。
　　③ 庄国土：《二战以后东南亚华族社会地位的变化》，厦门：厦门大学出版社，2003 年，第 396～397、471 页。
　　④ 卓礼明：《试析冷战后老挝的对华政策》，《东南亚研究》2001 年第 1 期，第 59 页。
　　⑤ 方文：《老挝人民革命党的教育政策与实践》，《黑河学刊》2016 年第 2 期，第 64 页。

### 三、柬埔寨

在法国殖民时期(1863—1953年),大多数柬埔寨人依然在佛教寺庙中接受启蒙教育。①柬埔寨的华文教育,始于华侨华人用方言授课的私塾。在柬埔寨,1932年,陈顺林在自己经营的商店中开办私塾,召集了十几名学生,这就是华文学校的开始。② 1911年辛亥革命之后,柬埔寨的华文学校"多是公立私办,即校址、立案以至其他有关交涉问题,由侨团负责,经费则全凭学费收入维持"。③二战后,"各地侨校几乎全属公立。教学方面也进行改革,废方言授普通话"。④ 1953年11月9日,柬埔寨王国宣布独立。⑤柬埔寨独立初期,西哈努克组建的柬埔寨人民社会同盟在全国普选中取胜,成立了新政府。不久,华文报刊应运而生,其中《棉华日报》是柬埔寨历史上的第一大报。⑥

柬埔寨的西哈努克政府认为,"在对外关系中信守不偏不倚的中立政策符合柬埔寨国弱力小的国情,有利于柬埔寨的政治稳定和国家的生存与发展"。因此,柬埔寨力求与周边国家"保持等距离外交"。直至20世纪60年代中后期,柬埔寨与社会主义国家的关系日

---

① 占本尼、梁薇:《1940—1953年间柬埔寨教育的佛教模式》,《东南亚纵横》2012年第11期,第52页。

② [日]山下清海著,刘晓民译:《老挝的华人社会与唐人街——以万象为中心》,《南洋资料译丛》2009年第4期,第65页。

③ 顾明远主编:《教育大辞典·增订合编本》上,上海:上海教育出版社,1998年,第676页。

④ 顾明远主编:《教育大辞典·增订合编本》上,上海:上海教育出版社,1998年,第676页。

⑤ 中国大百科全书总编辑委员会:《中国大百科全书·外国历史卷》,北京:中国大百科全书出版社,1992年。

⑥ 华侨华人百科全书编委会:《华侨华人百科全书·新闻出版卷》,北京:中国华侨出版社,1999年,第156页。

趋密切。①1970 年柬埔寨的朗诺(Lon Nol)发动政变,成立了亲美的
"高棉共和国"。在朗诺执政期间,受到冷战思维的影响,针对华侨华
人和华文教育颁布了限制性法令,其要点概括如下:

　　(一)柬埔寨不允许华文学校继续存在,因此自本命令颁布
后,凡属华侨社团、柬埔寨政府等兴办的华文学校一律停办。华
校华文教师自谋职业。

　　(二)华人商业街道、商店不得悬挂华文招牌的商业广告或
以华文来命名商店名称,对已设有华文招牌的商店应尽快拆除,
若在限定时间内不予撤除者,政府将课以重税、罚款;再不执行
者,将对当事人予以刑法制裁。②

20 世纪 70 年代初,柬埔寨尚有 200 多所华文学校,在校学生有
5 万多人。朗诺政府的限制性法令颁布实施后,柬埔寨的华侨华人
与华文教育旋即遭受了沉重的打击。③1975 年,柬埔寨的所有华文
报纸已被查封。此后,将近 20 年中,柬埔寨没有再出现华文报刊。④
同年,柬埔寨政府勒令停办华文学校。⑤1979 年,柬埔寨所有的华侨
华人社团被政府勒令解散。⑥至此,柬埔寨的华文教育与报刊陷入了
有史以来的最低谷。由于华文学校被查封了 20 余年,导致 20 世纪

---

　　①　许梅:《柬埔寨外交政策的演变与中柬关系的发展》,《当代亚太》2005
年第 3 期,第 46 页。

　　②　华侨华人百科全书编委会:《华侨华人百科全书·法律条例政策卷》,
北京:中国华侨出版社,2000 年,第 213 页。

　　③　华侨华人百科全书编委会:《华侨华人百科全书·法律条例政策卷》,
北京:中国华侨出版社,2000 年,第 213 页。

　　④　华侨华人百科全书编委会:《华侨华人百科全书·新闻出版卷》,北京:
中国华侨出版社,1999 年,第 156 页。

　　⑤　华侨华人百科全书编委会:《华侨华人百科全书·法律条例政策卷》,
北京:中国华侨出版社,2000 年,第 213 页。

　　⑥　华侨华人百科全书编委会:《华侨华人百科全书·法律条例政策卷》,
北京:中国华侨出版社,2000 年,第 214 页。

70年代后出生的华侨华人子弟无从接受华语教育。[1]

　　1975年4月,民主柬埔寨政府成立。该政府在国内实施激进的经济政策,比如"强制降低商品价格,禁止个人经营工商业,废止市场和货币"。[2]其后,柬埔寨于1979年被越南侵占,越南随即推行同化、排斥华侨的政策。在其后的11年里,被迫离开柬埔寨的华侨华人有10余万人。[3]

　　1987年以后,鉴于越南对华政策的转变,柬埔寨也"取消了华人从业的多项限制",并动员被驱逐的华人回归柬埔寨。[4]截至2002年8月,柬埔寨约有70万名华人,占总人口的5.2%。华人主要分布在首都金边及马德望、甘丹、贡不、磅针、磅通、波罗勉、茶胶等省,其中居住在金边市内的华人最多。[5]该国有《华商日报》、《柬华日报》和《柬埔寨星洲日报》(2000年创刊)这3家报社发行华文报纸。[6] 截至2003年12月,柬埔寨全国共设立了74所华人学校。[7]尽管目前华校数量与1970年全柬的200多所华校比较起来,未及三分之一,但学

　　① 夏诚华:《柬埔寨华语文教育现况》,《侨教与海外华人研究学报》2014年第12期,第32页。

　　② [日]野泽知弘著,乔云译:《柬埔寨的华人社会——关于金边华人华侨聚居区的调查报告》,《南洋资料译丛》2012年第2期,第47页。

　　③ 庄国土:《二战以后东南亚华族社会地位的变化》,厦门:厦门大学出版社,2003年,第471页。

　　④ 庄国土:《华侨华人与中国的关系》,广州:广东高等教育出版社,2001年,第327页。

　　⑤ [日]野泽知弘著,乔云译:《柬埔寨的华人社会——关于金边华人华侨聚居区的调查报》,《南洋资料译丛》2012年第2期,第46页。

　　⑥ [日]野泽知弘著,乔云译:《柬埔寨的华人社会——华文教育的复兴与发展》,《南洋资料译丛》2012年第3期,第76页。

　　⑦ [日]野泽知弘著,乔云译:《柬埔寨的华人社会——华人与新华侨的共生关系》,《南洋资料译丛》2011年第4期,第30页。

生人数却与 30 年前相当。①柬埔寨的华文学校虽然再度兴盛,但是柬埔寨政府并不承认华校的学历。②

在此期间,柬埔寨的佛教也历经波折。朗诺的亲越政权废除了君主立宪制,建立了亲美政权,并与南越政权建立了密切联系。与此同时,西哈努克亲王联合柬埔寨反朗诺的中左派力量结成民族统一战线,在北京建立了柬埔寨王国民族团结政府。虽然朗诺政权尊奉佛教为国教,但是"大多数佛教徒,主要是住在乡村的僧人,仍明确地支持西哈努克亲王",为此柬埔寨的佛教遭到了压制,直至 1975 年朗诺政权被推翻。

1975—1979 年,在民主柬埔寨时期,柬埔寨佛教"受到致命的打击"。据学者统计,1975 年该国"原有僧侣约 65000 人",至 1979 年,已所剩无几,佛寺也遭到严重破坏。③简而言之,近现代柬埔寨佛教的发展,除了在西哈努克统治时期获得了极大的发展和壮大之外,在其他时期基本上是被压制和摧残的。……在复杂动荡的政治环境下,佛教的发展更是举步维艰。④直到 1993 年柬埔寨民族和解政府成立后,国内局势开始趋于稳定,而该国对于华侨华人与佛教的政策也随之出现了转变。

---

① 夏诚华:《柬埔寨华语文教育现况》,《侨教与海外华人研究学报》2014 年第 12 期,第 27 页。

② 林志忠:《近百年来柬埔寨华校教育发展之探讨》,《台湾东南亚学刊》2008 年第 2 期,第 23,25 页。

③ 净海:《南传佛教史》,北京:宗教文化出版社,2002 年,第 294 页。

④ 钟楠:《柬埔寨文化概论》,北京:世界图书出版有限公司,2014 年,第 111 页。

## 第二节 马来西亚和新加坡

### 一、马来西亚

马来亚从 16 世纪初开始,相继遭到葡、荷等西方国家的殖民。20 世纪初,马来亚全部沦为英国殖民地。[①]从 19 世纪初开始,英国殖民者为了开发马来亚以及沙捞越、沙巴地区的自然资源,从中国输入华工。据估计,在 19 世纪,到马来亚务工的华侨至少有 500 万人。[②]另据研究,在 19 世纪以后,大批华人迁往马来西亚,他们大多是来自中国东南沿海。"20 世纪 40 年代末,随着新中国的成立,新的华人几乎不再移入。"[③]

马来西亚是近代华文报刊的发源地。1815 年,英国传教士米怜(William Milne)与华人梁发(Leong Fatt)合作创办了全球第一份近代中文期刊《察世俗每月统记传》。[④]作为第一个中文近代报刊,《察世俗每月统记传》宣称以"阐发基督教义为根本要务"。"宗教内容占刊物的绝大篇幅;也刊登阐述伦理道德和介绍天文、地理等科学知识

---

① 刘金质、梁守德、杨淮生主编:《国际政治大辞典》,北京:中国社会科学出版社,1994 年,第 624~625 页。

② 参见林远辉、张应龙:《新加坡马来西亚华侨史》,广州:广东高等教育出版社,1991 年;Purcell, V., 1967. The Chinese in Malaya. Oxford: Oxford University Press;彭家礼:《英属马来亚的开发》,北京:商务印书馆,1983 年;林水檺、骆静山编:《马来西亚华人史》,吉隆坡:吉隆坡马来西亚留台校友会联合会,1984 年;林水檺、何启良、何国忠等主编:《马来西亚华人史新编》(第 1—3 册),吉隆坡:马来西亚中华大会堂总会出版,1998 年。

③ 李一平:《试论马来西亚华人与马来人的民族关系》,《世界历史》2003 年 5 期,第 45 页。

④ 华侨华人百科全书编委会:《华侨华人百科全书·新闻出版卷》,北京:中国华侨出版社,1999 年,第 413 页。

的作品,配有插图。"该刊物大多散发于南洋群岛、暹罗和安南(今越南)等华侨聚居地区。1821 年,刊物因创刊人米怜病重而停刊。历时 7 年,共出版了 7 卷。[①]另据统计,马来西亚先后出现过 200 余家华文报纸。其中,1910 年由孙中山指导创办的《光华日报》是全球出版历史最悠久的华文报纸。[②]

从 18 世纪末到 20 世纪 60 年代,英国殖民者对马来半岛施行了将近 200 年的殖民统治,其殖民政策的主要特征是"马来人优先"。比如,在政治上,殖民当局"只允许马来人担任行政官员,其他民族则无权参与政治";在经济上,"禁止以抵押或出租等任何形式转让给非马来人";在文化教育方面,殖民当局"重视英语和马来语教育"。[③]

在这样的政策背景下,华侨华人积极投身于华文教育。其中,最为知名的当数华侨教育家陈嘉庚。他从 1906 年开始创办新加坡道南学堂,之后先后资助中华女校、南洋女中、南洋大学、南洋华侨中学、新加坡崇福女校、爱同学校等华侨学校的筹建与发展。与此同时,他还积极支持中国的教育事业。到 1932 年为止,他在国内外创办的或协助别人创办的学校共 70 余所(包括厦门大学与集美学校)。[④]第二次世界大战前,当地的华侨华人筹建、兴办了许多华文中小学,其中较为知名的华校包括,"槟城钟灵中学、吉隆坡中华中学、吉隆坡尊孔中学、马六甲培风中学,以及怡保育才中学等"。它们对于延传中国传统文化,维系华侨华人与中国的文化联系,发挥了不可

---

①　甘惜分主编:《新闻学大辞典》,郑州:河南人民出版社,1993 年,第 277 页。

②　邵宝辉、Nik Norma Nik Hasan:《困境中的坚守,挑战下的转型——马来西亚华文报纸的新世纪变迁》,《中国报业》2013 年第 14 期,第 44 页。

③　曹庆锋:《马来西亚民族政策的历史嬗变及其启示》,《西北民族大学学报(哲学社会科学版)》2013 年第 4 期,第 68 页。

④　华侨华人百科全书编委会:《华侨华人百科全书·教育科技卷》,北京:中国华侨出版社,第 28 页;门岿、张燕瑾主编:《中华国粹大辞典》,北京:国际文化出版公司,1997 年,第 244 页。

或缺的作用。[1]

1942年2月15日起至1945年8月15日,马来西亚被日军占领。其间,日语取代华语成为当地的主要教学媒介语。日军"断绝了华族子弟返回中国受教育的途径"。[2]此外,日本还"广泛设立日语版并强迫公务员及平民学习日文日语"。[3]第二次世界大战结束时,当地的华文教育又重新复苏。马来亚华侨已有188万余人。其中,在当地出生的土生华人占60%以上。[4]1948年2月1日,马来亚联合邦宣告成立。1957年8月31日,马来亚联合邦在英联邦内独立。[5]

在马来亚联合邦时期,当局多次颁布教育法,客观上限制了当地华文教育的发展。比如,1961年颁布的教育法令,"废除以华文为考试媒介的初、高中会考。考试媒介仅限于马来语、英语两者之一"。[6]1962年的教育法令规定,华文学校必须改制,即"以马来语为教学媒介",否则就不能被吸纳进马来西亚的国民教育体系。结果,许多华文学校不愿改制而成为独立学校。[7]客观上,这些政策不仅限制了华侨华人子弟的求学,也对他们的就业产生了明显的负面影响。正如

---

① 华侨华人百科全书编委会:《华侨华人百科全书·历史卷》,北京:中国华侨出版社,2002年,第264页。

② 古鸿廷:《教育与认同:马来西亚华文中学教育之研究(1945—2000)》,厦门:厦门大学出版社,2003年,第26页。

③ 陈松沾:《日治时期新马华人的处境》,《南洋学报》第52卷,1998年,第161、172页。

④ 华侨华人百科全书编委会:《华侨华人百科全书·历史卷》,北京:中国华侨出版社,2002年,第264页。

⑤ 刘金质、梁守德、杨淮生主编:《国际政治大辞典》,北京:中国社会科学出版社,1994年,第624~625页。

⑥ 顾明远主编:《教育大辞典》第4卷,上海:上海教育出版社,1992年,第403页。

⑦ 华侨华人百科全书编委会:《华侨华人百科全书·历史卷》,北京:中国华侨出版社,2002年,第264页。

曹淑瑶所说：

> 大部分华校学生英文程度不如他们的母语，政府文凭考试以英文出题、作答，会使他们难以考取。缺乏这些政府文凭，使华校毕业生既无法担任公职，也难以找到好的职业。过去，高中毕业就可入华校任教，但现在联合邦政府规定华文中、小学师资须具初级教育文凭且华文科优等资格，初级教育文凭以英语文出题、作答，当然阻断许多有志教职的华文中学毕业生之出路。此外，缺乏这些政府文凭，使华文中学毕业生无法在国内升学，当返回原乡中国求学之路又因冷战而阻绝……绝大多数华校中学生在毕业后势将无法深造。联合邦政府的这种教育措施，使华校生无论谋职或求学都将遭遇阻碍……[1]

1963 年 7 月 5 日，英国、马来亚联合邦、新加坡、沙捞越和沙巴在伦敦达成协议，成立马来西亚联邦。同年 9 月 16 日，马来西亚联邦正式宣告成立。[2]马来西亚独立后，在很大程度上延续了马来亚联合邦时期对华文报纸的管制，在教育文化领域，推行同化政策，即"通过单一语文政策，推行以马来语为核心的马来文化认同政策"，同时"实施国民教育体系，建立以马来语为主的教育制度"。不过，马来西亚以渐进的方式推行上述政策，"不像有些东南亚国家采取的强制同化措施那样突然和激烈"。[3]

---

① 曹淑瑶：《1950 年代马来亚的华校学生运动之研究》，《台湾师大历史学报》2013 年第 49 期，第 334 页。

② 参见中国大百科全书总编辑委员会：《中国大百科全书·外国历史卷》，北京：中国大百科全书出版社，1992 年。

③ 庄国土：《二战以后东南亚华族社会地位的变化》，厦门：厦门大学出版社，2003 年，第 151 页。

1974年5月31日,中马两国正式建立外交关系。①但是,马来西亚政府对华文报纸的管制并未因此而放松。同年,马来西亚政府修订了印刷业法令,规定非马来西亚公民不准拥有、把持或控制印务局或报章的全部或部分资本、股票、资产或其他权益。此后,许多报纸,包括该国历史最悠久的《光华日报》,都先后宣布"由马来亚华侨的报纸,变成为马来亚华人的报纸"。②自此之后,马来西亚的华文报刊呈现出两大特征:其一,措辞和行文都"以宣传贯彻马来西亚政府的各项方针政策"为要旨;其二,"华文报刊不仅是华族人士所办,有些政党和非华人也办华文报刊"。③

直到20世纪80年代,马来西亚政府对华文教育进行了各项政策调整,比如,"政府允许马来西亚大学与包括中国大学的国外大学建立双联课程,允许华人子弟到中国大陆升学"。④1995年,马来西亚政府颁布了新的《教育法令》与《大专法令》。承认"现行的华文教育(特别是初等和中等教育)的合法存在",更重要的是,根据上述法令:

> 允许华侨、华人社团成立华文高等院校,并鼓励私人投资办大专院校,允许本地高校与外国高校办双联课程,允许国外大学到马来西亚办分校,允许华人子弟到中国大陆的大学深造。⑤

---

① 朱杰勤、黄邦和主编:《中外关系史辞典》,武汉:湖北人民出版社,1992年,第1016页。

② 华侨华人百科全书编委会:《华侨华人百科全书·新闻出版卷》,北京:中国华侨出版社,1999年,第204页。

③ 华侨华人百科全书编委会:《华侨华人百科全书·新闻出版卷》,北京:中国华侨出版社,1999年,第204页。

④ 华侨华人百科全书编委会:《华侨华人百科全书·法律条例政策卷》,北京:中国华侨出版社,2000年,第246页。

⑤ 华侨华人百科全书编委会:《华侨华人百科全书·法律条例政策卷》,北京:中国华侨出版社,2000年,第252～253页。

　　此后,华侨华人的子弟大多数就读于华文小学。不过,其中能继续就读华文独立中学的"人数非常有限"。到了中学阶段,大部分华侨华人的子弟仍就读于政府兴办的国民中学,中文只是作为选修。对于大多数的马来西亚华侨华人来说,"普遍的模式是小学以华语为主、中学以马来语为主,所受的教育基本上是从华语教育过渡到马来语教育"。[①]

## 二、新加坡

　　新加坡拉狮城王朝灭亡之后,"新加坡大都依附于周边某一强权——如室利佛逝、马六甲及柔佛等,近代又沦为英殖民地,发展进程时断时续、常有停滞,虽时常因贸易而形成人口聚集,但并非一个稳定的定居地"。[②]1959 年,新加坡成为英联邦内的自治邦。1963 年9 月,新加坡通过加入马来西亚联合邦,结束了被英国殖民统治100余年的历史。1965 年 8 月 9 日,新加坡脱离马来西亚,宣布独立。[③]

　　华人是新加坡的第一大族群,而这一族群的独特之处在于,"他们构成了该国的主体民族"。[④]由于英国殖民当局的间接管辖政策,新加坡的华侨华人社会实际处于"半自治的松散状态"。[⑤]在新加坡,历史最为悠久的华文学校是成立于1852 年的一家名为"崇文阁"的

---

　　[①]　俞云平:《部分马来西亚华裔新一代的文化与族群认同》,《八桂侨刊》2005 年第 1 期,第 9 页。

　　[②]　张跃、张琨:《新加坡文化概论》,北京:世界图书出版公司,2014 年,第7~8 页。

　　[③]　张跃、张琨:《新加坡文化概论》,北京:世界图书出版公司,2014 年,第2 页。

　　[④]　张跃、张琨:《新加坡文化概论》,北京:世界图书出版公司,2014 年,第15 页。

　　[⑤]　张跃、张琨:《新加坡文化概论》,北京:世界图书出版公司,2014 年,第40 页。

私塾。1919年，新加坡成立了第一所华文中学——"华侨中学"。1953年，马来亚大学（今新加坡国立大学的前身）设立了中文系。1956年，当时海外唯一的华文大学——南洋大学正式开学。[①]

新加坡的华文出版业历史悠久。1835年前，华人梁发与英国传教士塞缪尔·戴尔牧师（Samuel Dyer）已将汉字铅字活版印刷术传入新加坡。19世纪60年代，华人学者林光铨（Lim Kong Chuan），在新加坡创办了古友轩印书馆，承印华文、英文及马来文书刊。值得一提的是，该馆在19世纪70年代出版的马来语—华语辞典《通夷新语》（后改名《华夷通语》），被学界誉为海外最早出版的华人著作。[②]

新加坡建国初期，将英文、华文、马来文、泰米尔文四种语言视为官方语言，并施行"四语教育并行制"。直到1966年，新加坡正式推行"双语教育政策"，即以两种语文教学的政策。"规定华文、马来文和泰米尔文三种母语学校以英语为第二语文，并作为数学、科学两科的教学用语，英文学校里的各族学生以其母语为第二语文，作为公民、历史两科的教学用语"。[③]对于双语政策，李光耀曾做过如下评述：

> 我们坚持实行双语政策的一个持久不变的原因，就是在情感上我们无法接受英语为母语。用一种我们在情感上无法接受的语言为母语，将会使我们的情感受伤害。我们将对自己感到

---

① 徐长恩：《二战后至1970年代末新加坡华文教育衰落原因》，《八桂侨刊》2009年第1期，第60页。

② 华侨华人百科全书编委会：《华侨华人百科全书·新闻出版卷》，北京：中国华侨出版社，1999年，第413页。

③ 庄国土：《二战以后东南亚华族社会地位的变化》，厦门：厦门大学出版社，2003年，第179页；顾明远主编：《教育大辞典·增订合编本》下，上海：上海教育出版社，1998年，第1453页。

怀疑,我们的自信心将会削弱。①

不过,双语政策施行后,"因学生集中于英文学校,各母语学校趋于衰落"。②1979 年,新加坡政府基于"吴庆瑞教育报告书"出台了限制华文教育的政策,"确立以英语为主、母语为辅的统一教育体制,规定自 1980 年起各学校均以英语为第一教学语言,各族学生以其母语为第二教学语言"。同年,南洋大学被并入新加坡大学。1987 年,新加坡的所有学校均改为以英语为第一语文。③ 对于该项政策,李光耀曾经解释过为什么新加坡必须保留英文:

> 新加坡使用,并且继续使用英文是有好处的,因为它为记录、行政及法律提供连续性;此外,它也是所有民族公平竞争的中立语文。假设我们说以华文作为公务员考试的语文,那么印度人与马来人将感到极端恼怒,因为这对他们很不利。又假设我们的法庭改用另一种工作语文,我可以预见在法律、立法与诉讼及解释法律方面将会面对巨大的困难。④

由此可见,新加坡的华文教育一直受到政策导向的影响。在殖民时代,"受英文教育的人就能得到优先的就业机会,而华校出身的

---

① 黎德源、成汉通、冯清莲编著:《向李光耀致敬》,新加坡:新加坡中华总商会与新加坡宗乡会馆联合总会出版,1991 年,第 39 页。引自吴元华:《务实的决策:新加坡政府华语文政策研究》,北京:当代世界出版社,2008 年,第 240 页。

② 顾明远主编:《教育大辞典·增订合编本》下,上海:上海教育出版社,1998 年,第 1453、1753 页。

③ 顾明远主编:《教育大辞典·增订合编本》下,上海:上海教育出版社,1998 年,第 1647 页;吴庆瑞,新加坡政界领导人、经济学家。祖籍福建。1954 年 10 月,与李光耀、杜进才等发起创建新加坡人民行动党。参见华侨华人百科全书编委会:《华侨华人百科全书·人物卷》,北京:中国华侨出版社,2001 年,第 539 页。

④ 吴元华:《务实的决策:新加坡政府华语文政策研究》,北京:当代世界出版社,2008 年,第 230~231 页。

人则很难在社会生活中发挥应有的作用"。①从新加坡独立开始，这个华人占人口多数的国家，并"没有像其他国家以多数民族的母语为国语那样将华语定为国语"。②究其原因，新加坡一方面是为了确立"以国家意识为核心的政治认同"，另一方面是考虑到当时多数东南亚国家与中国的外交关系并不正常，新加坡力图让其他东南亚国家确信"新加坡与中国没有特别的利益关系"。③正如李光耀所言：

> 中国的崛起已经成为一个目标，即除了令人羡慕外，也令东南亚各地的人民感到担忧。假如南洋大学成为中国在东南亚前哨站的标志，那么如果我们的处境变得更加艰苦，只能怪咎我们自己。④

# 第三节　泰国和缅甸

## 一、泰国

受到西方殖民和两次世界大战的影响，泰国在发展教育方面不尽如人意。"20世纪60年代，除了曼谷等一些较大城镇外，其他地

---

① 周聿峨：《从新马华文教育看东南亚华人族群的民族母语教育演化》，载郭梁主编：《21世纪初的东南亚社会与经济》，厦门：厦门大学出版社，2003年，第466页。

② 周聿峨：《从新马华文教育看东南亚华人族群的民族母语教育演化》，载郭梁主编：《21世纪初的东南亚社会与经济》，厦门：厦门大学出版社，2003年，第468页。

③ 庄国土：《华侨华人与中国的关系》，广州：广东高等教育出版社，2001年，第317页。

④ 《星洲日报》（新加坡）1959年10月28日。引自吴元华：《务实的决策：新加坡政府华语文政策研究》，北京：当代世界出版社，2008年，第299页。

方都没有开办中学。"①泰国最早的华文报纸《汉境日报》(后更名为《启南日报》)创刊于 1903 年。②不久之后,华侨华人于 1909 年相继在曼谷创立了华益学堂与中华学堂。③

　　1932 年的君主立宪,源于同年 6 月 24 日人民党发动的政变。国王拉玛七世于 6 月 27 日签署了人民党草拟的临时宪法,接受立宪政体,由此结束了素可泰王朝以来相沿 600 余年的封建君主统治。④不过,从君主立宪到二战结束,内阁更替竟达 10 余次之多。⑤其间,政府强调在教育方面对华侨子女进行同化,并对华文教育出台了限制政策,要点如下:

　　　　1. 命令全泰华校一律都要办理强迫班。2. 华校学生年龄在 10 岁至 14 岁者须进强迫班,接受泰文强迫教育。1933 年,强迫教育年龄由 10 岁提早至 7 岁。3. 强迫班每周读泰文 25 小时,并规定每周教授华文的时间不准超过 6 小时。4. 华校华文教员的泰文考试水准由初小 3 年级提高至初小 4 年级。5. 确定华文仅仅是处于一种外国语文的地位。此前,华校将华文当作基本学科,暹文反而被视为外国语文。6. 为了把华校纳入暹罗国民教育的轨道,华校所用的教科书,须经暹罗教育部审查

————————

　　①　[英]安妮·布思著,徐斌译:《东南亚的教育与经济发展:神话和现实》,《南洋资料译丛》2000 年第 4 期,第 34 页。

　　②　华侨华人百科全书编委会:《华侨华人百科全书·文学艺术卷》,北京:中国华侨出版社,2000 年,第 478 页。

　　③　顾明远主编:《教育大辞典·增订合编本》下,上海:上海教育出版社,1998 年,第 1515 页。

　　④　王伯恭主编:《中国百科大辞典 7》,北京:中国大百科全书出版社,1999 年,第 5213 页。

　　⑤　卜弘:《论殖民时代泰国的外交策略》,《南洋问题研究》1995 年第 3 期,第 32 页。

许可,方得教授。[1]

1938 年 12 月,暹罗的銮披汶·颂堪(Luang Pibul Songkhram)组阁,令当地华侨华人的境遇雪上加霜。在文化领域,銮披汶政府宣扬"泛泰民族主义",把泰国史改写为泰族史,将"居住在中国、越南、老挝、缅甸和印度境内的泰族及有关民族,统统置于泰国的领导之下",甚至捕风捉影地宣称:

> 泰族起源于中国川陕地区,甚至远到新疆的阿尔泰山,因为受到汉族的压迫而南迁。……把三国时代被诸葛亮七擒七纵的孟获,说成是泰族的首领,把唐宋时期以云南大理为中心由乌蛮和白蛮建立的南诏政权,说成是泰人建立的国家,把大理称为侬塞,说成是泰族故乡。[2]

为了配合"泛泰民族主义"的宣传,銮披汶·颂堪政府对华侨华人采取了同化、排斥政策。比如,1939 年 8 月,政府大规模地查封华校。同年年底,共有 285 所华校被查封。1940 年 6 月,就连暹罗边境地区的华校也被政府查封了。[3] 1948—1954 年,銮披汶再度组阁,不仅延续了之前同化、排斥华侨华人的政策,还变本加厉。比如,1952 年,銮披汶政府颁布的一项法律规定,"将外侨每年的人头税从 1939 年的 4 铢提高到 400 铢,即增加了 100 倍"。[4]不仅如此,銮披汶政府还命令军警搜查华校,逮捕、驱逐华校的教员。据统计,当时有

① 《华侨华人百科全书》编委会:《华侨华人百科全书·教育科技卷》,北京:中国华侨出版社,1999 年,第 316 页。

② 段立生:《泰国通史》,上海:上海社会科学院出版社,2014 年,第 35 页。

③ 顾明远主编:《教育大辞典·增订合编本》下,上海:上海教育出版社,1998 年,第 1515 页。

④ 段立生:《泰国通史》,上海:上海社会科学院出版社,2014 年,第 252 页。

5000 多名华侨被驱逐出境,500 余所华校被查封或自行关闭。①

　　值得注意的是,泰国对华侨华人的同化政策,并未因銮披汶的下野而中止。泰国政府于 1978 年颁布的新学制通令,依然将华校初小的课授华文时数减少到最低限度(每周 5 小时)。②

　　由于 1932 年以来一系列政策的负面影响,泰国的华文教育长期面临华文教师短缺及老龄化的问题。③在那些生长在泰国的第 3、4 代华人之中,"很多人的后裔已经完全不会说汉语",④以至于华裔泰国人和泰人之间的区别比东南亚任何地方都难以分辨。⑤尽管泰国政府限制华文教育,"华人及其子女普遍受过中等及高等教育",而且华文报刊与华人的传统习俗也被保留了下来。⑥

　　1975 年中泰建交之后,两国经贸活动趋于频繁,越来越多的泰国人与泰国华人需要学习中文,泰国也迫切需要通晓泰文和汉语的人才。为此,泰国政府放松了对华侨华人和华文教育的限制。比如,泰国的部分公立大学,比如,朱拉隆功大学、法政大学和农业大学先

　　①　华侨华人百科全书编委会:《华侨华人百科全书・历史卷》,北京:中国华侨出版社,2002 年,第 460 页。

　　②　华侨华人百科全书编委会:《华侨华人百科全书・教育科技卷》,北京:中国华侨出版社,1999 年,第 281 页。

　　③　陈艳艺:《从华人认同看泰国华文教育的复苏与发展(1992—2012)》,《东南亚纵横》2013 年第 3 期,第 71 页。

　　④　陈艳艺:《从华人认同看泰国华文教育的复苏与发展(1992—2012)》,《东南亚纵横》2013 年第 3 期,第 72 页。

　　⑤　[新加坡]琳达・刘著,沙棘译:《从东盟看华侨的联系》,《南洋资料译丛》1997 年第 2 期,第 69 页。

　　⑥　庄国土:《华侨华人与中国的关系》,广州:广东高等教育出版社,2001 年,第 323 页。

后成立了中文系。[①]1980年，泰国与中国开始互派留学生。[②]1992年2月，泰国国会通过了政府教育部提出的关于放宽华文教育政策的提案。该提案的主要内容包括：

（一）把华文正式列为与英、日、法和德文同等地位的外文，华文可按照目前泰国外文教育教学政策进行教学。除坚持幼儿园不能教授第二外语外，华文可以从小学一直教到高中，乃至大学。（二）在小学凡是现有一至四年级教授华文的学校，可将华文教授延长至六年级，如果还没有开设华文教学的学校，也可以从五年级开始教授华文。（三）在中学过去只有下课后的补习教育可以教授华文，如今华文可以在外文教学政策下，与其他外文一样成为学生们的选修课程。教授华文的时间，各校可在官方规定的外文教学时间全年200小时中灵活掌握，或英、华文各半，或华文多些英文少些。（四）放宽华文教师资格，准许聘用不懂泰文的外籍教师来泰教授华文，只要具有学士学位学历即可任教，在居留申请上每次批准两年。[③]

1992年，泰国最大的华人慈善机构及民间慈善机构——"泰国华侨报德善堂"倡导建立该国第一所私立大学，并获得泰国国王拉玛九世御赐"华侨崇圣大学"的校名。同时随着形势的改观，泰国的华文报纸也有所发展，主要的华文日报共有8家，即《星暹日报》、《世界日报》、《亚洲日报》、《新中原报》、《京华中原联合日报》、《中华日报》、

---

① 段立生：《泰国通史》，上海：上海社会科学院出版社，2014年，第295页。

② 张宇权：《论中国与东南亚国家教育交流存在的问题及建议》，载李一平、庄国土主编：《冷战以来的东南亚国际关系》，厦门：厦门大学出版社，2005年，第236页。

③ 华侨华人百科全书编委会：《华侨华人百科全书·法律条例政策卷》，北京：中国华侨出版社，2000年，第422页。

《中华青年报》和《暹泰时报》。①1999 年和 2001 年,中泰两国分别签署了《面向 21 世纪合作计划的联合声明》和《中泰联合公报》,从政治、经济、文化、社会、安全及国际事务等各方面对中泰两国在 21 世纪的全方位合作进行了规划。两国的合作更是进入了一个新的时期,各层次友好往来也更加频繁。②

　　与华侨华人的境遇相比,佛教在泰国社会和文化中的地位始终是不可撼动的。在近代,佛教已被"纳入国家官僚机构的框架中"。1902 年,国王签署了《僧伽管理法》,详细规定了从中央到地方各管区、各寺院的责任、义务和权限。1912—1913 年,暹罗颁布了修订的《僧伽官职表》与《常施食标准表》,分别规定了佛教僧众的官阶和月薪数额。③尽管之后泰国的政体变迁,泰国佛教经历了两次较大规模的改革,但是这两次改革的目的是相同的,即"在 1902 年僧伽管理法令的基础上,进一步使僧伽组织与政府机构紧密结合,以保证僧伽的活动能与政府相配合"。④1932 年君主立宪以来,泰国的历届政府,始终尊奉佛教为国教。⑤不仅如此,泰国佛教界还参照西方的"三权分立",成立了僧伽议会、僧伽内阁、僧伽法庭。⑥

　　①　黄海珠:《泰国华文纸媒研究》,北京:中国社会科学出版社,2013 年,第53 页。

　　②　李优坤:《泰国对华外交中的防范因素分析》,《历史教学(高校版)》2008 年第 2 期,第 60 页。

　　③　杜继文主编:《佛教史》,南京:江苏人民出版社,2006 年,第 506～508 页。

　　④　李勤:《近现代泰国佛教的世俗化趋向》,《云南师范大学学报》2001 年第 6 期,第 15 页。

　　⑤　参见杜继文主编:《佛教史》,南京:江苏人民出版社,2006 年,第 506～508 页。

　　⑥　黄夏年:《着眼东南亚地区佛教发展新趋势做好云南边疆地区南传佛教工作》,《中国民族报》2016 年 4 月 12 日。

与此同时，佛教文化在泰国教育中始终发挥着举足轻重的作用，这是因为泰国历来采取"世俗教育与僧伽教育同步发展的政策"。[①]即使在引进西方现代教育制度之后，泰国也并未放弃"以佛为本"的德育理念。比如，泰国学校的课程设置除了常规的文化课程、专业课程之外，还开设了两门与佛教密切相关的课程，即修行课（打坐诵经）与佛教课（佛教教义与佛教文化）。[②]"无论是寺庙学校还是普通学校，都要开佛学课，背诵巴利语经偈，政府还兴建了一些佛教大学，推动泰国佛教教育与佛学研究"，比如在拉玛五世时期建立的摩诃朱拉隆功佛教大学（มหาจุฬาลงกรณราชวิทยาลัย）。[③]

可喜的是，即使是在地缘文化关系的平缓期，中泰两国的佛教界依然保持着文化交流与往来。比如，20世纪80年代，泰国佛教界和华侨华人为了支持中国佛教寺院的修建，向中国佛教界"赠送了大量玉制佛像"。"这些带有泰国上座部佛教造像风格的佛像"，现在分别被供奉在"江苏、四川、广东、云南、西藏等地的著名寺院之中"。[④]

## 二、缅甸

1885年英国对缅甸进行殖民之后，佛教僧众在宗教和社会中的地位大为降低。英国的殖民当局，甚至没有正式承认佛教。[⑤]在殖民时期，缅甸佛教一度失去了原有的国教地位，从"至高无上居统治地

---

① 段立生：《泰国通史》，上海：上海社会科学院出版社，2014年，第205页。

② 高源：《佛教文化对泰国教育的影响以及对中国学校道德教育的启示》，《成都大学学报（社会科学版）》2014年第4期，第86页。

③ 李勤：《近现代泰国佛教的世俗化趋向》，《云南师范大学学报》2001年第6期，第16页。

④ 桑吉扎西：《中泰两国的佛教文化交流》，载郑筱筠：《东南亚宗教研究报告：东南亚宗教的复兴与变革》，北京：中国社会科学出版社，2014年，第94页。

⑤ 净海：《南传佛教史》，北京：宗教文化出版社，2002年，第170～171页。

位的宗教变成被压迫的宗教"。①此外,缅甸的部分山地民族,例如"山地克伦族、钦族、克钦族、纳西族、傈僳族、那加族和少量的克耶族"改信了基督教。②

与此同时,缅甸的寺院学校(尤其是在册的寺院学校)也大幅度减少,"1916 年有 3418 所,到了 1925 年仅剩 1182 所"。③虽然,当时英国殖民当局在缅甸兴办了近代教育,建立了一些新型学校,但是其"目的不在于发展缅甸民族文化,而是为殖民地机构培养办事人员"。因此,当时绝大多数缅甸人依然"深受缅甸传统文化的影响"。④

1948 年 1 月 4 日,缅甸宣告独立并成立缅甸联邦。此后,缅甸佛教摆脱了殖民时期的桎梏。⑤独立后的缅甸宪法强调了佛教的特殊地位,议会则通过《佛教组织法》、《巴利语大学与达摩师法》、《巴利语教育法》等一系列有关佛教的法令,为弘扬佛教文化提供了制度保证与法律依据。⑥佛教由此再度"成为全体国民的精神寄托和传统文化核心的标志"。⑦

与缅甸佛教相比,该国华侨华人的遭遇则是差强人意。与其他中南半岛国家的华侨相比,缅甸华侨人数不多且与缅族关系较为融

---

①　李晨阳:《佛教与缅甸的反帝独立斗争》,《东南亚纵横》1994 年第 2 期,第 19 页。

②　钟智翔、尹湘玲:《缅甸文化概论》,北京:世界图书出版公司,2014 年,第 33 页。

③　净海:《南传佛教史》,北京:宗教文化出版社,2002 年,第 170～171 页。

④　余定邦:《缅甸的佛教文化对政治和外交的影响》,载段立生、黄云静、范若兰等:《东南亚宗教论集》,曼谷:大通出版社,2002 年,第 44 页。

⑤　中国大百科全书总编辑委员会:《中国大百科全书·世界地理卷》,北京:中国大百科全书出版社,1992 年。

⑥　净海:《南传佛教史》,北京:宗教文化出版社,2002 年,第 173～174 页。

⑦　净海:《南传佛教史》,北京:宗教文化出版社,2002 年,第 170～171 页。

洽。<sup>①</sup>在缅甸的殖民时代,"掌握英语是各族群是否能进入主流社会的先决条件",而华人华侨则游离于主流社会之外。殖民当局对华人华侨兴办华文教育采用比较宽松的政策。一时间,"差不多 10 户以上华侨居民的地区就有 1 所华文学校,而较大的城市例如曼德勒、勃生、毛淡棉等地的华文学校密度更大"。<sup>②</sup>19 世纪末,缅甸出现了由华侨华人兴办的华文学校,即 1872 年在仰光开设的一间教授华文的私塾。1904 年,缅甸华侨华人创办了第一所正规的华文学校——中华义学。<sup>③</sup>与之相比,缅甸的华文报刊起步较晚。据考证,最早的华文报纸《仰江日报》创刊于 1903 年。<sup>④</sup>

1930 年,缅甸的华校总数为 208 所。1942 年 5 月,日军侵占缅甸时,当时缅甸有 13 家华文报纸,全部被迫停刊。二战结束后,尤其是缅甸独立之后,该国的华文报刊又得以复苏。<sup>⑤</sup>1948 年缅甸独立后,除了要求私立学校办理登记之外,并未对华文学校加以限制。<sup>⑥</sup>

直到 20 世纪 60 年代初军人政府执政,华侨华人开始受到限制。在其后的 49 年,直到民选的吴登盛政府于 2011 年 3 月上台,缅甸长

①　范宏伟:《从外交部解密档案看中缅关系中的华侨问题》,《南洋问题研究》2007 年第 1 期,第 61 页。

②　庄国土:《二战以后东南亚华族社会地位的变化》,厦门:厦门大学出版社,2003 年,第 231 页。

③　李佳:《缅甸的语言政策和语言教育》,《东南亚南亚研究》2009 年第 2 期,第 76 页。

④　李佳:《缅甸的语言政策和语言教育》,《东南亚南亚研究》2009 年第 2 期,第 76 页。

⑤　华侨华人百科全书编委会:《华侨华人百科全书·新闻出版卷》,北京:中国华侨出版社,1999 年,第 232 页。

⑥　庄国土:《二战以后东南亚华族社会地位的变化》,厦门:厦门大学出版社,2003 年,第 246 页。

期由军人政府统治。① 1961 年,缅甸军政府对学校进行军事管制。1963 年,军政府限令华校每日仅教授 1 小时的华文课程。1965 年 4 月,军政府颁布了《私立学校国有条例》,"将私校一概收归国有,限定校长、教师均由缅人担任,课程须用缅语讲授,华侨及华人子弟升大学时,不准报考医学、法律等系"。②次年 1 月 1 日,军政府强制关闭了"华文报刊在内的全部外侨报纸"。③

当时,在缅甸"设立二十人以下的'私塾'也要经过登记批准",年轻一代的华侨华人很难学习中文。④缅甸关闭华校之后,许多华人已不会说中文。直到 1981 年,缅甸华人学者西门穆(西汀穆)受到当地印度、巴基斯坦侨民通过教《可兰经》学母语的启发,以教授佛学为名,组织当地的华人华侨学习中文,变相地恢复了华文学校。直到 20 世纪 80 年代末,缅甸的曼德勒、密支那(Myitkyina)、腊戌(Lashio)等缅甸北部城市的华人华侨,都办起了这种教授佛学的华文学校。⑤1988 年 9 月 18 日,以苏貌将军为主席的"国家恢复法律和秩序委员会"接管了缅甸政权,此后缅甸对华人华侨的政策才出现了实质性的改观,华文教育再度兴起。

————————

　① 宋清润:《当前缅甸对华认知分析》,《国际研究参考》2013 年第 6 期,第 41 页。

　② 顾明远主编:《教育大辞典》第 4 卷,上海:上海教育出版社,1990 年,第 392 页。

　③ 华侨华人百科全书编委会:《华侨华人百科全书·新闻出版卷》,北京:中国华侨出版社,1999 年,第 232 页。

　④ [日]小泉允雄著,郭梁译:《"缅甸式社会主义"制度下的华侨》,《南洋资料译丛》1978 年第 4 期,第 125～126 页。

　⑤ 华侨华人百科全书编委会:《华侨华人百科全书·教育科技卷》,北京:中国华侨出版社,1999 年,第 203 页。

# 小 结

对于中国和中南半岛国家而言,这段平缓期在延续 2000 余年的地缘文化关系中,只是一个短暂的插曲。华侨华人与中国的联系建立在"与移民活动相关的亲缘和文化纽带"之上,即使"这种联系会因政治、战乱、外交等因素的影响而呈或亲近或疏离的状态,但数百年来,密切联系一直是华侨华人与中国关系的主流状态"。[①]尽管中南半岛国家出于不同的原因,对华侨华人实施过同化或排斥政策,但是这并不意味着华侨华人会在文化上与所在国完全趋同。另一方面,尽管西方文化对中南半岛国家产生过重要的影响。但是,不足以取代佛教文化在这些国家(或华侨华人社会)中的地位。随着冷战的终结,佛教信仰再度恢复了昔日的风采,[②]中国与中南半岛国家的地缘文化关系也迎来了一个新的时期,一个趋向成熟的时期。

---

① 庄国土:《华侨华人与中国的关系》,广州:广东高等教育出版社,2001年,第 496 页。

② 黄夏年:《着眼东南亚地区佛教发展新趋势做好云南边疆地区南传佛教工作》,《中国民族报》2016 年 4 月 12 日。

# 第六章

## 地缘文化关系的成熟期：
## 20 世纪 90 年代至今

　　从 20 世纪 90 年代至今,中国对于国际体系以及中南半岛国家的影响愈发突显。中国在经济上"坚持并扩大互利共赢的全方位对外开放政策,同世界各国建立了密切的经济关系,成为多数国家主要经贸伙伴或主要经贸伙伴之一"。与此同时,中国"同世界各国包括同西方国家、周边国家、发展中国家的关系普遍得到全面提升"。①

　　中国与东盟的地缘合作正呈现出良好的发展态势。比如,2002年 11 月,双方签署了《中国与东盟全面经济合作框架协议》;2003 年10 月,中国作为域外国家第一个加入《东南亚友好合作条约》;2004年,双边贸易额首次突破 1000 亿美元;2013 年,中国总理李克强提出了中国—东盟未来十年的"2＋7 合作框架",即在"深化战略互信"、"聚焦经济发展两点共识"的基础上,推进"政治、经贸、互联互通、金融、海上、安全、人文"七个领域的合作。②这些成就无疑为中国与中南半岛国家地缘文化关系的深入发展提供了契机。

---

　　①　尹承德:《新时期中国外交辉煌开局》,载曲星主编:《国际形势新变化与中国外交新局面》,北京:世界知识出版社,2014 年,第 31～32 页。

　　②　《李克强在第 16 次中国—东盟(10＋1)领导人会议上的讲话》,《光明日报》2013 年 10 月 10 日;夏凡、许钺乃、陈健:《站上"钻石十年"新起点》,《云南日报(数字报)》2014 年 11 月 11 日。

　　当前,中国不仅是柬埔寨、缅甸、泰国和越南的第一大贸易伙伴,还是柬埔寨、老挝和缅甸的第一大投资国。①中南半岛国家的央行将人民币纳入外汇储备的意愿日益增强。其中,泰国、马来西亚、新加坡的中央银行已经与中国人民银行签署了货币互换协议。②此外,中国还与中南半岛国家构建了一系列的机制化安排,比如《大湄公河次区域经济合作新十年战略框架(2012—2022 年)》和《推动共建丝绸之路经济带和 21 世纪海上丝绸之路的愿景与行动》等。当前,中国与中南半岛国家的地缘关系,无论是深度还是广度,均超越了以往任何一个历史阶段。具体而言,双方在地缘文化方面至少取得了以下三方面的进展。

# 第一节　跨境通道互联互通

　　"加快互联互通基础设施建设"是中国与东盟"2＋7 框架"的重要一环。③目前,中南半岛国家均已加入了中国发起的亚洲基础设施投资银行。④这为双方共同建设基础设施,实现跨境通道的互联互通,提供了有力的保障。在可以预计的未来,跨境通道的互联互通,将有效地压缩中国与中南半岛各国之间的时空距离,并为双方深入发展地缘文化关系提供极大的便利。

　　关于跨境通道的互联互通,目前主要集中在高铁与公路两个层面。在高铁的互联互通上,中国具有很大的优势。基于高性价比和丰富的实际运营经验,中国已成为全球高铁运营里程最多的国家。

---

　　①　李克强:《在澜沧江—湄公河合作首次领导人会议上的讲话》,《人民日报数字报(文字)》2016 年 3 月 25 日。

　　②　谭爱玮:《人民币有望成为东盟地区主流货币》,《大公报》2016 年 4 月 18 日。

　　③　刘绮黎:《李克强十月之行》,《新民周刊》2013 年 10 月 28 日。

　　④　笔峰:《东盟平衡外交,不随美国起舞》,《亚洲周刊》2016 年 3 月 6 日。

简而言之,中国高铁具有三个优势:其一,"技术先进、安全可靠";其二,"价格低、性价比高";其三,每条高铁"至少保证二十年不落后"。①目前,中国与中南半岛国家在高铁的互联互通上,是以"泛亚铁路"为主干的。所谓泛亚铁路,是指联通中国(广西、云南)与中南半岛国家(老挝、越南、缅甸、柬埔寨、泰国、马来西亚、新加坡)的铁路网。具体而言,可为东线、中线和西线三条线路(参见图6-1)。

其中,东线始于中国云南昆明,经越南、柬埔寨、泰国、马来西亚,到新加坡;中线从中国云南昆明出发,经老挝、泰国、马来西亚,到新加坡;西线由中国云南昆明出发,经缅甸、泰国、马来西亚,到新加坡。泛亚铁路在中国境内的各段(即昆明分别连接越南、缅甸、老挝的三条线路)已被纳入了中国的《中长期铁路网规划》,大部分已经建设完工。②当前,双方的合作重点在于,中国与中南半岛国家铁路网的相互对接。其中,作为第一个以中方为主投资建设并运营、与中国铁路网直接连通的境外铁路项目——中老铁路磨丁—万象工程,全长418公里,设计时速160公里。该工程的北端与中国境内的玉溪—磨憨铁路对接,南端与泰国的廊开—曼谷铁路相连。③

双方的另一个合作重点——中泰铁路已于2015年12月举行了启动仪式。按照预定计划:

> 中泰铁路合作项目全长近900公里,呈"人"字形的铁路线分为"曼谷—坎桂—呵叻"段、"玛塔卜—罗勇"段和"呵叻—廊开"段,共经过泰国10个府,在泰国东北部的廊开与已经奠基开

---

① 刘诗萌:《中国铁路出海助推东南亚互联互通》,《中国产经新闻》2016年3月12日。

② 中国农业银行国际金融部课题组:《泛亚铁路的意义、困境及市场机遇研究》,《农村金融研究》2015年第6期,第18页。

③ 俞懿春、庄雪雅:《中国助力东盟互联互通》,《人民日报数字报(文字)》2016年1月13日。

**图 6-1　泛亚铁路各线示意图**

资料来源:缅甸《金凤凰》中文报社,http://www. mmgpmedia. com/
local-news/7428-2014-07.

工的中老铁路对接,最终经老挝的磨丁抵达中国昆明。①

在公路建设层面,中国与中南半岛国家正在贯通中老、中缅、中越之间的跨境公路。其中,昆明至泰国曼谷公路通道中的云南境内段 2017 年将全部建成高速公路。昆曼(昆明至曼谷)公路全面贯通。未来在顺利通关情况下,昆明至曼谷的 1800 多公里车程,预计时间仅需 20 小时左右。②在中国境外建设的路段中,老挝境内有 229 公里,已全线改造完成;泰国境内有 890 公里,也全部实现高速或高等级化。昆明至越南河内公路通道的云南境内段(昆明—河口)里程长 400 公里,已全面建成高速公路。③

# 第二节　跨境教育合作多元化

当前,中国与中南半岛国家的跨境教育合作已趋于多元化,其主旨是培养双方共同需要的人才。一方面是为中南半岛国家的经济社会发展培育人才,另一方面也是培养更多的"知华"人才,为中国积累更广泛的人脉。从长远来看,这不仅促进了双方人才与知识的双向流动,也有利于稳固双方的地缘文化关系。

目前,中国与中南半岛国家的跨境教育合作的多元化态势,主要表现在以下三方面:

其一,设立学习中心,即中国高校在中南半岛国家建立学习中

① 王俊岭:《中泰铁路波折无碍共赢大局》,《人民日报海外版》2016 年 4 月 5 日;"อาคม" ถกหาข้อสรุปรถไฟไทย-จีน. ไทยรัฐ (《泰叻报》). 3 พ.ค. 2559 (2016 年 5 月 3 日). http://www.thairath.co.th/content/614558; บทสุดท้ายรถไฟไทย-จีน. ไทยรัฐ (《泰叻报》). 31 มี.ค. 2559 (2016 年 3 月 31 日). http://www.thairath.co.th/content/598325.

② 倪婷:《云南昆曼公路贯通 20 小时到曼谷,通关减 3 小时联系东盟更密切》,《文汇报》2013 年 12 月 12 日。

③ 张睿、袁海毅:《辐射南亚东南亚,云南基础已备》,《云南信息报》2015 年 1 月 30 日。

心。此类学习中心，可以是独立设立的，也可以是中国高校与中南半岛国家的高校合作设立的。最具代表性的，当数"孔子学院"与"孔子课堂"。据统计，中国已在全球 130 多个国家设立了 500 多所孔子学院和 1000 多所孔子课堂，国外学习汉语人数已达 1 亿。[①]在东盟地区，中国高校已建立了 30 所孔子学院、30 个中小学孔子课堂，并积极致力于推动中文课程与当地华文教育的接轨。[②]

　　在中南半岛国家，一个最为典型的例子是广西大学与泰国川登喜皇家大学（Suan Dusit University）于 2006 年共建的素攀孔子学院。截至 2014 年，素攀孔子学院已"与泰国 12 个府的 46 所学校建立了合作关系，在 39 所学校设立汉语教学点，满足了泰国中西部地区对汉语教学的需求"。2013 年，该学院的授课课时和注册学员数已位居全球孔子学院前列。[③]

　　不仅如此，中国与中南半岛国家在推动孔子学院方面，还取得了其他可喜的进展。比如，马来西亚的教育部已与中国签署了一份备忘录，承认马来西亚教育文凭华文科与中国汉办的汉语水平考试处同等水平。[④]此外，马来西亚留华同学会与中国海外交流协会合作，推出供当地华校教学使用的"华文教育终端机"。这种终端机收录了"华文教师培训系列的授课视频"，内容可以持续更新。这有助于"提升学生学习华文的热忱"，并"提高学生的中文程度"。[⑤]

　　其二，开设海外分校，即"一国的公立大学、私立营利或非营利大

---

　　① 钟秉林：《以开放促改革、促发展》，《中国教育报》2016 年 3 月 15 日。

　　② 吕慎：《中国—东盟教育交流周，搭建双方交往之桥》，《光明日报》2015 年 8 月 9 日。

　　③ 刘娜利：《中泰教育的完美联姻——广西大学素攀孔子学院办学聚焦》，《广西日报》2014 年 11 月 14 日。

　　④ 佚名：《内阁承认中国汉语水平考试》，《南洋商报》2015 年 4 月 12 日。

　　⑤ 佚名：《大马留华同学会免费提供多元教材华文教育终端机》，《南洋商报》2015 年 7 月 4 日。

学在他国建立分校,提供与母校一样的教育课程,并授予同样的学位"。①换言之,中国的高校在中南半岛国家建立分校向当地学生授课,而学位由设立海外分校的中国高校负责授予。

2010 年以来,中国在引进一批世界一流大学、创建高起点和示范性二级学院的基础上,国内累计"新增本科及以上层次的中外合作办学项目"约为 700 个。此外,中国的教育机构在境外设立的合作办学机构与项目总数也在不断增加。②其中,中国高校在中南半岛国家的境外办学项目已初具规模。经教育部批准的境外办学项目包括厦门大学马来西亚分校、老挝苏州大学和云南财经大学曼谷商学院等。③

在中国现有的海外分校项目中,最令人瞩目的是厦门大学的马来西亚分校。④在中南半岛国家中,马来西亚是唯一允许以华文为教育媒介语,并发展成从小学到中学乃至大专的较为完整的华文教育体系的国家。⑤在马来西亚,中文系教师可以用中文授课,学生可以用中文撰写硕士和博士论文,大学学报采英文、中文和马来文三种语言撰写的文章,这"真正体现了中文作为学术交流语言的平等地位"。⑥厦门大学的马来西亚分校是第一所中国高校全资设立的、具有独立校园的海外分校,占地 150 英亩,规划总建筑面积约 47 万平方米。分校的教育层次包括本科、硕士、博士,分校的毕业生将获颁

① 张建新:《21 世纪初东盟高等教育》,昆明:云南人民出版社,2010 年,第 169 页。
② 苗丹国:《国际化程度显著提升》,《中国教育报》2016 年 3 月 15 日。
③ 瞿振元:《"一带一路"建设与国家教育新使命》,《光明日报》2015 年 8 月 13 日。
④ 佚名:《马中情谊筑厦大分校》,《中国报》2016 年 2 月 23 日。
⑤ 张禹东:《马来西亚的华人宗教文化》,《华侨华人历史研究》1999 年第 1 期,第 69 页。
⑥ 吴前进:《海外华人学者与中国国际话语权的塑造》,《国际关系研究》2015 年第 2 期,第 66 页。

厦门大学学位,并获得马来西亚政府和中国政府的双重认证。预计到 2022 年,分校的学生规模将达到 5000 人,最终学生规模为 1 万人。①

其二,双联制学位合作。中国与中南半岛国家的高校通过合作提供交换教育项目,参与项目的学生在完成学业后,可以获得两所高校的学位。据报道,"中国已经成为跨境教育的最大输出国和重要输入国"。② 2016 年年初,中国已与 40 多个国家和地区签署高教学历学位互认协议。在过去的 5 年里,出国留学总数达到 215 万人。2010 年之后,来华留学人数达到 202 万,超过此前 30 多年的总和。③

现在,中国已与 4 个中南半岛国家签署了一系列的高等教育学历学位互认协定。比如,1983 年 12 月 16 日,中国和老挝共同签署了《亚洲和太平洋地区承认高等教育学历、文凭和学位的地区公约》。④ 2007 年 5 月 28 日,中国与泰国签署了《中华人民共和国教育部与泰王国教育部关于相互承认高等教育学历和学位的协定》。⑤ 2009 年 4 月 30 日,中国与越南达成了《中华人民共和国教育部与越南社会主义共和国教育培训部关于相互承认高等教育学历和学位的规定》。⑥ 2011 年 4 月,中国与马来西亚签订了《中华人民共和国政

---

① 佚名:《厦大马来西亚分校举行首批新生开学典礼》,《中国新闻社》2016 年 2 月 23 日。

② 刘钰根、郑佳佳、刘丹等:《中国已成世界最大跨境教育资源国》,《市场导报》2015 年 8 月 7 日。

③ 苗丹国:《国际化程度显著提升》,《中国教育报》2016 年 3 月 15 日。

④ 《亚洲和太平洋地区承认高等教育学历、文凭与学位的地区公约》,http://www.people.com.cn/item/flfgk/gwyfg/1983/206010198301.html。

⑤ 《中华人民共和国教育部与泰王国教育部关于相互承认高等教育学历和学位的协定》,http://www.moe.edu.cn/publicfiles/business/htmlfiles/moe/moe_858/201005/87625.html。

⑥ 《中国签定的国家(地区)间相互承认学位、学历和文凭的双边协议清单(截至 2012 年 5 月 28 日)》,http://www.jsj.edu.cn/n2/1/1006/448.shtml。

府和马来西亚政府关于相互承认高等教育学历和学位的协定》。①

在中南半岛国家的高校中,泰国的博仁大学(Dhurakij Pundit University)在双联制学位合作方面最为活跃。②泰国博仁大学在武汉大学、中国人民大学、吉林大学、昆明理工大学等中国多所名校学术支持下,与明众国际教育集团联合投资组建,经泰国教育部批准,成立了泰国博仁大学中国—东盟国际学院,该学院主要面向中国和东盟各国招收本硕博留学生。③该学院采用多种组合授课方式,比如中文授课、中文英语授课,以及中文泰语授课等。学生毕业时获得博仁大学的学位,同时获得中国教育部的学历学位认证。④

关于中国高校主导的双联制学位合作项目,苏州大学与老挝中资企业合作,在老挝首都万象创办了老挝苏州大学。该大学是老挝政府批准设立的第一所外资大学。该校采用了"1+3"的培养模式,即第一学年在老挝学习通识课程与中文。自第二学年开始,到苏州大学进行专业学习,用中文授课。学生毕业时,可以获得两国的文凭。⑤无独有偶,云南财经大学曼谷商学院由云南财经大学与泰国兰实大学(Rangsit University)于2013年共同创办。该学院推出了"中泰学分交换教育项目"。该项目包括本科"2+2"、"3+1",研究生"2+1"模式。成绩合格、修满学分的学生可以同时获得两校的学

① 《中华人民共和国政府和马来西亚政府关于相互承认高等教育学历和学位的协定》,http://www.moe.edu.cn/publicfiles/business/htmlfiles/moe/moe_857/201301/146812.html.

② 菡熙:《泰国博仁大学培养国际化高素质人才》,《南国早报》2016年5月3日。

③ 佚名:《泰国博仁大学带动东盟留学》,《齐鲁晚报》2013年12月12日。

④ 李娴:《博仁大学与云南全面合作》,《春城晚报》2015年5月18日。

⑤ 苏雁:《老挝苏州大学:架起服务两地的桥梁》,《光明日报》2015年6月12日。

位证。①

近年来,为了深入推进高校的课程互认、学分互认、学历互认、资格互认,中国与中南半岛国家的高校正致力于建立教育联盟。比如,2015 年建立的"中国—东盟工科大学联盟"。目前,已有 10 所中方高校(北京理工大学、重庆大学、大连理工大学、东南大学、哈尔滨工业大学、华南理工大学、天津大学、同济大学、西北工业大学,以及广西大学)和 7 所中南半岛国家高校加入了该联盟。其中,加盟的中南半岛高校包括,柬埔寨柴桢大学(Svay Rieng University)、柬埔寨棉则大学(Meanchey University)、柬埔寨亚洲学院(Asia Institute)、印度尼西亚泗水理工学院(Sepuluh Nopember Institute of Technology)、老挝沙湾拿吉大学(Savannakhet University)、泰国朱拉隆功大学(Chulalongkorn University)和泰国玛希隆大学(Mahidol University)。②此外,中国与中南半岛国家高校正在探寻一种新的合作模式。比如,2009 年,浙江大学、麻省理工学院与新加坡构建三边教育和研究合作的伙伴关系,共同建设新加坡科技设计大学(Singapore University of Technology and Design)。③

# 第三节  佛教文化交流复苏

在佛教历史上,每逢以下两种情形,佛教就会特别兴盛:其一,"社会苦难特别深重";其二,"社会物质生活和文化生活特别发达"。④目前,中国与中南半岛国家正逢其时。

---

① 李沙青:《云南财经大学可与国外高校学分互换》,《云南日报(数字报)》2014 年 9 月 5 日。

② 韩琨:《中国—东盟工科教育共谱协奏曲》,《中国科学报》2015 年 4 月 2 日。

③ 卢姝杏:《新加坡的外交原则及其对华政策(1990—2010)》,《东南亚研究》2011 年第 5 期,第 30 页。

④ 陈兵:《二十世纪中国佛教》,北京:民族出版社,2000 年,第 17 页。

实际上,从 20 世纪 90 年代开始,中国与中南半岛国家的佛教已呈现出复苏的势头。在中南半岛国家中,且不论南传佛教占据绝对优势的泰国、缅甸、老挝和柬埔寨等国,就连新加坡和马来西亚的佛教也处于上升势头。在马来西亚,得益于中国佛教人士与当地华人社会的支持,马来西亚的佛教事业得到不断的发展。在今日马来西亚信仰佛教的族群中,华人占 97%,而在华人社会中,大约有 76% 的华人信仰佛教。①在新加坡,佛教是第一大宗教。根据新加坡 2010 年人口普查数据显示,新加坡佛教信仰者占 15 岁及以上常住人口的 33.2%。华人为佛教主要信徒,占佛教徒总数的 97.7%,信奉大乘佛教。②

中国与中南半岛国家的佛教文化交流日益频繁,这极大地巩固和发展了中国佛教与中南半岛各国佛教文化的联系。相关的例子不胜枚举。其中,最为殊胜的莫过于中国与中南半岛国家供奉佛牙舍利的盛举。③

从佛教的历史与现状来看,舍利是佛教各派共同承认的圣物。中国将珍藏的佛舍利送到南传佛教国家供奉,拉近了与各国佛教界的关系。④据佛典记载,世上仅存两颗佛牙舍利,其中一颗供奉在北京的灵光寺,另一颗供奉在斯里兰卡。对于佛教信众而言,能够供

---

① 张应龙:《槟城之菩提——华人与马来西亚佛教的发展》,《中国宗教》2003 年第 8 期,第 56 页。

② 张跃、张琨:《新加坡文化概论》,北京:世界图书出版公司,2014 年,第 120~121 页。

③ 佛教术语。亦称"佛牙舍利"。释迦牟尼佛所遗牙齿。佛教界将释迦牟尼佛及高僧大德遗体火化后所遗之物及体内珠状结晶体称舍利,并作为宝物加以供奉。相传释迦牟尼佛遗体火化后,牙齿完整无损,被称为"佛牙舍利"而接受信众供奉。参见徐万邦、王齐国主编:《民族知识辞典》,济南:济南出版社,1995 年,第 131 页。

④ 黄夏年:《着眼东南亚地区佛教发展新趋势做好云南边疆地区南传佛教工作》,《中国民族报》2016 年 4 月 12 日。

奉、瞻礼佛牙舍利,功德十分殊胜,能令国泰民安。早在 1044 年和 1100 年,缅王阿奴律陀及其子江喜伦(Kyanzittha)曾先后两次来中国求取佛牙。[①] 1954 年,灵光寺的佛牙舍利首次应邀赴缅甸供奉瞻礼,佛牙舍利在缅甸展出 9 个月后才送奉回国。其后,灵光寺佛牙舍利也应邀赴泰国等国供奉瞻礼。[②] 2002 年,为了庆祝泰国国王拉玛九世的 75 岁寿辰,泰国政府将灵光寺的佛牙舍利迎请至泰国曼谷,供奉了 76 天。其间,每天前往瞻礼佛牙舍利的泰国佛教信众超过万人。[③]

　　有关佛牙舍利的另一件盛举,当数 2013 年,北京灵光寺为了感谢缅甸佛教信众长久以来对佛牙舍利的虔信与礼敬,特别聘请能工巧匠,复制了三尊佛牙舍利塔及塔中供奉的佛牙影骨,"镶嵌珍珠、绿松石、青金石、南红玛瑙等 800 余颗珍宝"。这三尊佛塔及塔中的佛牙影骨将永久供奉在缅甸的仰光、内比都和曼德勒三个城市,供缅甸的佛教信众瞻礼。[④]不仅如此,中南半岛国家还迎请、供奉汉传佛教的高僧舍利。比如,2013 年 3 月,汉传佛教高僧本焕长老的舍利被送至泰国永久供奉。[⑤]

　　① 钟智翔、尹湘玲等编著:《缅甸概论》,北京:世界图书出版有限公司,2012 年,第 36 页。

　　② 蓝希峰:《祜巴龙庄勐:在"一带一路"建设中发挥积极作用》,《中国民族报》2015 年 4 月 28 日;梁虹:《佛牙舍利塔与释迦牟尼佛牙》,《北京晚报》2005 年 8 月 28 日。

　　③ 米根孝、张世辉、文刀等:《中国佛牙舍利在泰国》,《中国民族报》2003 年 2 月 28 日。

　　④ 潘跃、李昌禹:《中国赠送缅甸佛牙舍利塔复制品》,《人民日报》2013 年 6 月 2 日;孙广勇:《万千信众迎佛塔》,《人民日报》2013 年 6 月 22 日。

　　⑤ 黄夏年:《着眼东南亚地区佛教发展新趋势做好云南边疆地区南传佛教工作》,《中国民族报》2016 年 4 月 12 日。

# 小　　结

　　本章分析了中国与中南半岛国家地缘文化关系在 20 世纪 90 年代后取得的新进展,它们带来的积极效应,在可以预计的将来能为中国营造更有利的地缘文化环境。下一章,笔者会从观念、制度和器物三个层面剖析中国与中南半岛国家地缘文化关系面临的主要挑战。

# 第七章

# 地缘文化关系面临的主要挑战

　　中国与中南半岛国家地缘文化关系面临的挑战是常态。对这些挑战的分析,有助于中国更全面地分析形势,并做出更稳妥的预判。下面,本章要从观念、制度和器物三个层面分析当前地缘文化关系面临的主要挑战。

## 第一节　　观念层面

### 一、对朝贡贸易的不同解读

　　中国史书"传统性地将外国使臣来华访问的活动称之为'朝贡'"。[①]一般而言,中国学界认为,"包括东南亚在内的东亚'朝贡体系'开始于秦汉,成熟于隋唐,鼎盛于明清,衰落于晚清"。[②]具体而言,中国的封建王朝以宗主国自居,将中南半岛国家视为藩属,"通过

---

　　①　李志贤主编:《东南亚与中国——连接、疏远、定位》,新加坡:亚洲研究学会,2009年,第vii页。

　　②　梁志明、李谋、杨保筠:《东南亚古代史:上古至16世纪初》,北京:北京大学出版社,2013年,第527页。

对藩属国统治者的册封,赋予其合法性"。①对中国封建王朝与中南半岛国家而言,上述"朝贡体系"主要表现为双方之间的朝贡贸易,而这种朝贡贸易在"本质上不属宗藩关系范畴,朝贡的经济属性更为明显"。②

在与中南半岛国家的朝贡关系中,中国奉行"厚往薄来"的原则。③比如,在明代,周边国家和少数民族的朝贡实际已变成经济上的官方贸易,即"朝贡贸易"。凡边疆民族和周边国家进贡,明王朝一律给予优厚回赐,其价值往往超过进贡价值;对朝贡使团携带的各种方物,明朝实行优惠的免税贸易。④清朝政府按"厚往薄来"的原则,给外国国王和贡使回赠礼物,在质量和数量方面皆多于使者带来的"贡物"。⑤

据考证,中国回赠中南半岛国家的物品,大体可分为以下三类:第一类是册封、印玺、勘合、昭告、黄袍和伞盖;第二类是丝绸、瓷器和茶叶;第三类是黄金、白银和钱币。不仅种类繁多,而且数量惊人。比如,满刺加国王拜里米苏拉通过朝贡贸易,获得了明成祖回赠的"黄金百(两)、白金五百(两)、钞四十万贯、钱二千六百贯、锦绮纱罗

---

①　梁志明、李谋、杨保筠:《东南亚古代史:上古至 16 世纪初》,北京:北京大学出版社,2013 年,第 547 页。

②　李云泉:《话语、视角与方法:近年来明清朝贡体制研究的几个问题》,《中国边疆史地研究》2014 年第 2 期,第 4 页。

③　见于《礼记·中庸》:"继绝世,举废国,治乱持危,朝聘以时,厚往而薄来,所以怀诸侯也。"往,即赐、赏;来,指收纳、贡税。厚往薄来就是要求统治者对待诸侯和外邦要赏多、赐厚而要求其纳少贡薄。参见陈瑛、许启贤主编:《中国伦理大辞典》,沈阳:辽宁人民出版社,1989 年,第 499 页。

④　陆韧:《云南对外交通史》,昆明:云南民族出版社,1997 年,第 228 页。

⑤　余定邦、喻常森:《近代中国与东南亚关系史》,广州:中山大学出版社,1999 年,第 5 页。

三百匹、帛千匹"。①可以说,所谓的朝贡贸易,实质上是以中国封建王朝做出"重大让利为代价的不等价的贸易形式"。②

历史上,尽管有的中南半岛国家的确承认过朝贡关系的存在,但是其目的在于通过"朝贡"册封来巩固与提高自身的政治地位。比如,在暹罗的阿瑜陀耶王朝初期,面临"地方豪强势力的反叛与安南和缅甸等邻国随时可能发生的武装侵略"。出于战略需要,阿瑜陀耶王朝曾"主动多次遣使中国,请求明朝颁给金印和勘合底簿,作为朝贡关系的凭证"。③即便如此,后世的泰国并未真正承认与中国的藩属关系。正如部分泰国学者所说:

> 泰国从来没有承认作为中国的附庸国或保护国,因为中国从没有军事直接征服泰国因而使泰国屈膝求和,尽管泰国历朝历代都有与中国进行贸易关系,中国亦尝对泰国有过特别的照顾或优惠,但这是基于平等之地位而进行的。④

可见,中南半岛国家对待"朝贡体系"的利益准则与中国存在着很大的差异。在大多数的情况下,中南半岛国家只是想通过"朝贡"获得经济利益,而这种不等价的贸易总是被中国的史料和古籍冠以"朝贡"的名目。究其原因,在很大程度上,是由于"彼此对双方关系形式的有意无意的误解"。比如,"经翻译或重译的表义信函,在中南半岛国家认为是平等往来,在中国一方则断然认为是以小事大,以下事上"。⑤

---

① 符懋濂:《从朝贡谈到"朝贡论"》,《联合早报》(新加坡)2015年10月30日;《明史·外国列传六》"满剌加"条。
② 余定邦、喻常森:《近代中国与东南亚关系史》,广州:中山大学出版社,1999年,第59页。
③ 段立生:《泰国通史》,上海:上海社会科学院出版社,2014年,第65页。
④ 张仲木:《古代泰中关系中的华侨华人》,载张仲木:《泰中研究》,曼谷:华侨崇圣大学泰中研究中心,2003年,第7页。
⑤ 庄国土:《略论朝贡制度的虚幻:以古代中国与东南亚的朝贡关系为例》,《南洋问题研究》2005年第3期,第5页。

有关这种误解的产生,梁志明、李谋和杨保筠等学者参照中国史籍中遗存的那些经过通事们(鸦片战争前后,中外行政事务、外贸活动、外事交涉等的译员或中间办事人员)译出的"贡折"类文书后指出:

> 其中言词卑躬屈膝,奴颜媚骨,无所不用其极,其实大多是通事们做的手脚,或怕忠实直译,被皇廷加罪,或是迎合帝王们妄自尊大的心态,巧妙地漏译或曲译。实际上东南亚诸国所期盼的只是与中国建立正常、平等的国家关系,通过发展与中国的关系,特别是通过"朝贡",换取中国朝廷优厚的经济回报;心甘情愿成为中国王朝藩属国家的并不多。①

值得注意的是,中国与中南半岛国家对于朝贡贸易的不同解读所产生的负面影响,至今犹存。对于中国今后改进对外宣传的策略而言,这无疑是一个发人深省的反面案例。

## 二、"泰族起源"问题

"泰族起源"问题对中国与中南半岛国家地缘文化关系产生的负面影响,绝不亚于双方对朝贡贸易的不同解读。比如,泰国历史上,銮披汶政府对华侨华人的一系列同化、限制、排斥政策,在一定程度上归因于西方国家与中南半岛国家的部分学者对"泰族起源"问题的误读。

部分由西方学者编著且在国际上颇有影响的东南亚研究著述,误将南诏史作为早期泰族的历史。其中,英国伦敦大学教授 T. D.

---

① 梁志明、李谋、杨保筠:《东南亚古代史:上古至 16 世纪初》,北京:北京大学出版社,2013 年,第 529 页。通事,有的是政府职员,主要任务是向外商宣示法令,经办手续,调查外商违法活动,处理华人与外商之间一般业务纠纷。有的是外商临时委托人,主要任务是代书禀帖、通关报税、办理送货、捐客推销以及向政府申报批准、给领执照等。参见朱杰勤、黄邦和主编:《中外关系史辞典》,武汉:湖北人民出版社,1992 年,第 449 页。

拉古伯里（Terrien de Lacouperie）在为柯乐洪（Archibald Ross Colquhoun）的《在掸族间》(*Amongst the Shans*)一书所写的导言中，提出"泰族于公元 629 年建立了南诏国。自公元 860 年起，它以大理国的国号，直到被蒙古人征服"。[①]英国学者 D. G. 爱德华·霍尔（Daniel George Edward Hall）在其著作《东南亚史》中说："据认为'泰族'于公元前 6 世纪最初在历史上出现"，"他们为要摆脱中国人的统治，许多人就迁移到今天缅甸北部掸邦的地方，中国人称他们为'哀牢'，南诏王国，其居民是泰族，但是统治者则属于另一种族"。[②]有西方学者认为，泰族起源于"川北陕南或新疆北部的阿尔泰山，然后逐步分布于黄河、长江流域的广大地区，而汉族却从西亚巴比伦入侵中国本土，迫使泰族一次又一次南迁，从黄河流域迁到长江流域，然后分批进入云南与中印半岛地区。唐代，泰族在云南建立了南诏国。13 世纪中叶，忽必烈平定大理国，泰族被迫大批南下，终于在泰国北部建立了素可泰王国"。[③]更有甚者，美国学者威廉·克利夫顿·多德（William Clifton Dodd）等西方学者在《泰族，中国人的兄长》(*The Tai Race, Elder Brother of the Chinese*)一书中提出所谓

---

① Archibald Ross Colquhoun et al. , 1885. Amongst the Shans. London：Field & Tuer. 引自许肇琳：《泰国泰族探源》，《中山大学学报（社会科学版）》1991 年第 3 期，第 90 页。

② [英]D. G. E. 霍尔著，中山大学东南亚历史研究所译：《东南亚史》，北京：商务印书馆，1982 年，第 216 页。该书的英文原著于 1955 年出版。分两部分，共 26 章，参考了大量的历史文献和考古文物资料。

③ 陈吕范：《中泰关系若干问题研究课题小结》，载陈吕范主编：《泰族起源与南诏国研究文集》(上)，北京：中国书籍出版社，2005 年，第 2 页。

"2500年来汉族压迫泰族七次南迁"之说。[①]

20世纪30—40年代,中国历史学家凌纯声、方国瑜、罗常培等就曾著文指出"泰族建南诏国"的谬误。[②]有中国学者指出:

　　　某些古国的疆域是相当模糊的,绝不能以现今的国界来界定、区分历史上的国家,更不能把某个民族历史上的居住区或现在分布的区域说成是现今国家的传统疆域。[③]

令人遗憾的是,中南半岛国家的部分学者将西方学者的错误观点视为定论,或者作为研究结论加以转述。他们沿用部分西方学者的说法,认为泰族起源于阿尔泰山,在过去数千年中逐步被中国驱逐到如今的泰国境内,以至于许多历史著作在谈到泰国早期历史发展时,都言必称南诏。例如,泰国史学家姆·耳·马尼奇·琼赛(M. L. Manich Jumsai)在其撰写的《老挝史》中,用大量篇幅叙述泰族建立南诏及南下中南半岛的历史。[④]缅甸史学家波巴信(Bo Ba Shin)的《缅甸史》认为,"约在公元1世纪时,掸族已成群结队地迁徙到中国南部和缅甸边境。到650年左右,他们就建立起一个统一的南诏国"。[⑤]泰国学者丹隆·拉查奴帕(Dumrong Rajanubhab)在泰国

① 有关西方学者的类似观点,参见 William Clifton Dodd, Isabella Ruth Eakin Dodd, 1923. The Tai race, elder brother of the Chinese. Cedar Rapids, Iowa: The Torch Press; Henry Rodolph Davies, 1909. Yün-nan, the link between India and the Yangtze. Cambridge: Cambridge University Press; William Alfred Rae Wood, 1933. A history of Siam. Revised edition. Bangkok: Siam Barnakich Press.

② 梁志明、李谋、杨保筠:《东南亚古代史:上古至16世纪初》,北京:北京大学出版社,2013年,第121页。

③ 梁志明、李谋、杨保筠:《东南亚古代史:上古至16世纪初》,北京:北京大学出版社,2013年,第124页。

④ [泰]姆·耳·马尼奇·琼赛著,厦门大学外文系翻译小组译:《老挝史》,福州:福建人民出版社,1974年,第13~27页。

⑤ [缅甸]波巴信著,陈炎译:《缅甸史》,北京:商务印书馆,1965年,第21页。

朱拉隆功大学讲演时曾说：

> 泰族发源于中国之南方，如云南、贵州、广西、广东四省，以
> 前皆为独立国家。泰人散处各地，中国人称之为番。至于泰人
> 放弃故土，迁徙缅甸及老、蛮等地之原因，实由于汉族之开拓
> 领土。[①]

对于上述学者对"泰族起源"问题的误读，净海在《南传佛教史》
中有一番精彩的批驳：

> 泰国人及有些西人写泰国史或东南亚史，每多夸大泰族人
> 古代建国历史辉煌。他们主张泰族自汉代哀牢、唐代南诏而迄
> 宋代大理。其实广义的泰族，包括范围很广。哀牢、南诏（后改
> 称大理），向为中国云、贵两省边区民族，有时独立，有时直属中
> 国，这只能说明古代泰族在中国西南地区建国的历史。这与以
> 后逐渐南迁分支的泰族、掸族、老族各自建国的历史，渊源是不
> 同的。不能因为他们古代有同族血缘的关系，就混为一谈。也
> 就是说，哀牢、南诏的建国，是中国云、贵边区的泰族；泰国、老挝
> 和缅甸的掸部，是南迁的泰族。[②]

中国学者还依据大量的史料撰文加以反驳，指出泰族仅与中国
西南傣族等少数民族存在族源上的联系，但是没有历史证据证明泰
族被中国驱逐南迁，打破了西方学者在泰族起源研究上的垄断地
位。[③]其中，对于部分西方学者关于"泰族被迫南下"的观点，陈吕范
经过对泰国古城素可泰的实地考察，有力地加以反驳。他认为，如果
蒙古骑兵占领大理真的引起泰族大量南迁，而南下的泰族又在素可
泰建立了王国，那么，为什么泰国著名的兰甘亨碑文和素可泰时期其

---

① ［泰］丹隆·拉查奴帕著，王又申译：《暹罗古代史》，北京：商务印书馆，
1930 年，第 12 页。

② 净海：《南传佛教史》，北京：宗教文化出版社，2002 年，第 192 页。

③ 陈吕范主编：《泰族起源与南诏国研究文集》，北京：中国书籍出版社，
2005 年。

他碑文却只字未提呢?①段立生认为,"泰族的一部分可能由中国南部迁徙而来,一部分可能就是当地的土著"。②总而言之,泰族迁徙是多流向的,而不是如某些西方学者所说的只有"从中国南迁"一个方向的;泰族迁徙的原因也是多方面的,并非部分学者所说的"受中国人压迫"。③

20世纪70—80年代以来,泰国的学术界也开始对所谓的"汉族压迫泰族南迁说"加以批判。在此影响之下,泰国的历史教科书也做了修改,不再坚称南诏是泰族建立的国家。即便如此,"如何重构素可泰以前的泰国古代史",依然是一个亟待学界解决的问题。④

## 第二节　制度层面

目前,在中国的西南边境地区,尤其是跨界民族的聚居区,文化建设机制亟待改进,问题集中体现在以下三个方面:

其一,跨界民族生源的流失。虽然云南省对跨界民族施行了"两免一补"(免杂费、免书本费,以及逐步补助寄宿生的生活费)政策,但是一些跨界民族还保留着刀耕火种的生产方式,甚至在不同程度上还保留着封建制度、村社制度乃至原始氏族制度。⑤在云南省的跨界

---

①　陈吕范:《素可泰访古:再论忽必烈平大理国是否引起泰族大量南迁》,载陈吕范主编:《泰族起源与南诏国研究文集》(上),北京:中国书籍出版社,2005年,第70页。

②　段立生:《泰国通史》,上海:上海社会科学院出版社,2014年,第38页。

③　刘稚:《东南亚泰佬族系民族源流初探》,载陈吕范主编:《泰族起源与南诏国研究文集》(上),北京:中国书籍出版社,2005年,第95页。

④　马勇:《泰国古代史研究述评》,《云南民族学院学报(哲学社会科学版)》1995年第2期,第76、79页。

⑤　刘稚:《中国—东南亚跨界民族发展研究》,北京:民族出版社,2007年,第35页。

民族的聚居区,"相当一部分家庭无力承担子女读书产生的生活费用"。①不仅如此,跨界民族在语言上的障碍,对基础教育的负面影响十分突显。以云南为例,云南的跨界民族在日常生活中主要使用本民族语言进行交流,"对汉语的掌握和使用能力较差,许多边民,尤其是妇女听不懂也不会讲汉语"。据学者对云南跨界民族的田野调查,在云南省景洪勐腊县村寨中发现,"当地许多 30 岁以上的妇女普通话水平几近于零"。②与此同时,即使是在校就读的跨界民族学生,学习汉语较为吃力,因为他们中的多数人直到入学才开始学习汉语。③

近年来,跨界民族的生源流失,主要是流向中国西南边境的越南或缅甸一侧。究其原因,可以概括为以下两方面。第一,越南政府对跨界民族地区实施特殊的教育政策,比如向跨界民族提供免费教育、新修学校及通往学校的公路,并对入学的跨界民族学生给予生活补助等;第二,与云南接壤的缅甸北部地区,与跨界民族聚居区同属于信奉南传佛教的区域,这吸引了部分跨界民族生源。④

其二,跨界民族的文化产品供应不足。在跨界民族聚居的边境地区,相当一部分民众听不懂普通话。⑤这种现象在边境村寨尤为突

---

① 何跃、高红:《论云南跨境教育和跨境民族教育》,《云南民族大学学报(哲学社会科学版)》2011 年第 2 期,第 7 页。

② 景洪,中国云南省县市。西双版纳傣族自治州的首府。位于省境西南部,南接缅甸,并与普洱市和猛海、猛腊、思茅、江城各县区接壤。参见王伯恭主编:《中国百科大辞典 4》,北京:中国大百科全书出版社,1999 年,第 2807 页;李河:《抓住主要矛盾、转变政策思路建设西南边境地区文化纽带》,载国家民族事务委员会文化宣传司、中国社会科学院文化研究中心编:《中国少数民族文化发展报告(2014—2015)》,北京:社会科学文献出版社,2015 年,第 60 页。

③ 李孝川、王凌:《云南边境沿线学校教育发展现实困境阐析》,《学术探索》2014 年第 1 期,第 145 页。

④ 何跃、高红:《论云南跨境教育和跨境民族教育》,《云南民族大学学报(哲学社会科学版)》2011 年第 2 期,第 8 页。

⑤ 马少斌:《边境地区民族语电视节目宣传研究》,《科技传播》2014 年第 4 期,第 5 页。

显,因为边境村寨中的年轻人多数外出务工,留守的多数是村寨中的妇女儿童与 40 岁以上的男子,其中"许多人使用民族语言阅读的能力就很低,更不用说使用普通话去阅读和欣赏文字作品和视听作品"。①换言之,他们需要的是本民族语言的文化产品。

　　从跨界民族文化产品的供应面来看,跨界民族聚居区的互联网普及率还很低。以云南的跨界民族为例,"超过 71% 的人没有接触过互联网"。目前,主要是通过广播和电视向跨界民族推送民族语的文化产品。以云南人民广播电台民族语广播为例,该台有 5 个民族语广播频率,分别为德宏傣语、西双版纳傣语、傈僳语、景颇语和拉祜语。不过,这些频率"每天分别仅播出 45 分钟"。此外,"由于播放时长短暂,听众和观众非常容易错过"。结果,"境内许多对象民族甚至不知道本民族广播电视节目的存在"。②

　　其三,信奉南传佛教的跨界民族聚居区急需能满足信教群众需求的僧才。一直以来,在信奉南传佛教的跨界民族聚居区,僧侣是民族文化的继承者与传播者。但是,近年来,南传佛教地区的僧众人数锐减,同时"愿意终身出家且佛学造诣高的僧侣人数已经严重不足"。③换而言之,有寺无僧的"空寺"现象日益凸显。据学者研究,2012 年,南传佛教地区 1600 余座寺院僧侣只有近万人,平均每寺为

　　① 李河:《抓住主要矛盾、转变政策思路建设西南边境地区文化纽带》,载国家民族事务委员会文化宣传司、中国社会科学院文化研究中心编:《中国少数民族文化发展报告(2014—2015)》,北京:社会科学文献出版社,2015 年,第 60 页。

　　② 赵长雁、李鹏、杨正瞬:《民族语广播电视在农业科技信息传播中的问题与对策——基于云南边疆少数民族地区的调查》,《昆明理工大学学报(社会科学版)》2014 年第 4 期,第 102、104、106 页。

　　③ 刀述仁:《建立巴利语佛学院,培养南传佛教僧才》,《中国民族报》2015 年 3 月 17 日。

6.25 人。①同年,西双版纳州的 585 所佛寺中,空寺有 110 处,空寺比率为 18.8%;在德宏州的 520 所佛寺中,有 471 处空寺,比率为 90.1%;在傣族聚居的其他城市,比如普洱市和临沧市,空寺率已达到 40%左右。②

部分南传佛教佛寺不得不从中南半岛国家引进僧人,以解决"有寺无僧"的问题。比如,德宏、西双版纳、临沧等地的佛寺中已有数量不等的外籍僧人。但是,"对于这些入境的外籍僧侣,地方政府目前没有明确的监管办法,各地民族宗教事务部门没有形成管理上的统一规定"。③

## 第三节　器物层面

### 一、"新精神活性物质"滥用

有史以来,毒品泛滥不仅会诱发暴力犯罪和艾滋病传播等社会问题,还时常与恐怖主义和贩卖人口等犯罪问题合流。当前,全球禁毒形势愈发严峻。据联合国 2015 年 6 月发布的《2015 年世界毒品问题报告》显示,2013 年,在 15～64 岁人群中,共有 2.46 亿人在使用非法药物,即每 20 人中就有一人使用某种非法药物。④

相对于之前出现的毒品而言,中国与中南半岛国家对"新精神活性物质"的管控更为棘手。"新精神活性物质"(New Psychoactive Substance)指"不法分子通过对毒品分子结构进行微小修饰或改变、

① 章立明、赵玲、张振伟等:《南传佛教佛寺管理者的现状》,《中国民族报》2016 年 3 月 1 日。

② 章立明、赵玲、张振伟等:《南传佛教佛寺管理者的现状》,《中国民族报》2016 年 3 月 1 日。

③ 章立明、赵玲、张振伟等:《南传佛教佛寺管理者的现状》,《中国民族报》2016 年 3 月 1 日。

④ 佚名:《世界毒品问题现状及其挑战》,《光明日报》2016 年 4 月 21 日。

人工合成的毒品类似物或衍生物"。这种新型毒品"具有与毒品相似的兴奋或致幻效果,但是尚未列入国际公约管制清单,也未列入特殊化学品管理"。[①]

根据结构特征和作用药理,联合国毒品和犯罪问题办公室(United Nations Office on Drugs and Crime, UNODC)将新精神活性物质分为以下 7 类:

(一)合成大麻素类(syntheic cannabinoids)。该类物质主要是模拟天然大麻对人体的作用,其成瘾性和戒断症状也与天然大麻类似,长期吸食会导致心血管系统疾病及精神错乱,同时也存在致癌的风险。

(二)卡西酮类(synthetic cathinones)。该类物质主要是卡西酮的衍生物,具有兴奋和致幻作用,过量或长期吸食会引起严重的大脑损伤,导致精神错乱、自残及暴力攻击他人。

(三)苯乙胺类(phenethylamines)。该类物质主要包括苯丙胺衍生物及二甲氧基苯乙胺衍生物两个类别。前者以类似甲基苯丙胺的兴奋作用为主,后者则能产生强烈的致幻作用,过量或长期吸食这些物质可导致大脑损伤和精神错乱。

(四)哌嗪类(piperazines)。该类物质一般为苯基哌嗪或苄基哌嗪的衍生物,具有类似于甲基苯丙胺和 MDMA 的兴奋和致幻作用,但效果较温和,持续时间也更长。

(五)氯胺酮(ketamine)。该物质在中国属于已列管的精神药物。

(六)植物类(plant-based substances)。该类别包括恰特草、鼠尾草、帽蕊木等含有精神活性物质的植物。

(七)其他类物质。包括色胺类、氨基茚类、苯环己基胺类、

---

①　周斌:《国家禁毒办回应不实传闻,多数新精神活性物质欧美制造》,《法制日报(电子报)》2015 年 6 月 26 日。

镇静类等多个类别,分别具有致幻、兴奋、麻醉、镇静等作用。[①]

另据中国国家禁毒委员会办公室发布的《2015 年中国毒品形势报告》,合成大麻素类与卡西酮类这两类"新精神活性物质"的滥用最为严重。[②]此外,另一类"新精神活性物质"——氯胺酮,在中国与中南半岛国家也呈现出抬头的趋势。截至 2013 年年底,中国累计发现(登记在册)氯胺酮滥用者 19 万人,滥用人数仅次于海洛因和冰毒,居第 3 位,同 2008 年年底比较增加了 11 万人,年增幅达 11%。近年来,中国大陆地区破获非法制贩氯胺酮有关刑事案件持续上升,总计约 2.3 万起,占同期破获毒品刑事案件数量的 5%,缴获氯胺酮近 14 吨。从毒品流向看,部分氯胺酮已流入境外地区,成为地区性毒品危害。[③]比如,2015 年 1 月,中国警方摧毁了 1 条毒品犯罪通道,10 名马来西亚人落网,缴获毒品氯胺酮 170 公斤、氯胺酮半成品 200 余公斤。[④]

据联合国毒品和犯罪问题办公室发布的《2015 年世界毒品问题报告》显示,"新型精神活性物质"正在迅速地多样化。目前,全球已发现"新精神活性物质"九大类共 541 种。[⑤]根据 2015 年 10 月 1 日起

---

① MDMA 是亚甲二氧甲基苯丙胺 的简称。"Categories of new psychoactive substances sold in the market", United Nations Office on Drugs and Crime, 2014. http://www.unodc.org/documents/scientific/NPS_poster_2014_EN.pdf; Global SMART Update September 2013 - Vol. 10. United Nations Office on Drugs and Crime. https://www.unodc.org/documents/scientific/Global_SMART_Update_10_web.pdf.

② 《2015 年中国毒品形势报告》,http://www.nncc626.com/2016-02/18/c_12871173_3.htm.

③ 刘志民、宫秀丽、周萌萌、王子云:《中国氯胺酮滥用问题调查报告》,《中国药物依赖性杂志》2014 年第 5 期,第 321 页。

④ 佚名:《中国捣毁 2 东南亚贩毒通道,10 人马毒贩广东落网》,《南洋商报》2015 年 6 月 11 日。

⑤ 佚名:《我国强化非药用类精麻药品,管控遏制"实验室毒品"》,《东方早报》2015 年 11 月 27 日。

正式施行的《非药用类麻醉药品和精神药品列管办法》,中国一次性增列了 116 种新精神活性物质。①虽然部分"新精神活性物质"已被中国和中南半岛国家纳入管控范畴,但是不法分子只要对合成毒品的化学结构稍加改变,就会产生新的"新精神活性物质",各国管控"新精神活性物质"的目录难以实现同步更新,从而使不法分子逃避了法律的监管。②

　　许多新精神活性物质其实就是尚未被国家列管的合成毒品,其正在或将要造成的滥用危害绝不亚于已被管制的合成毒品。③通常,不法分子利用易制毒化学品制造"新精神活性物质"。易制毒化学品企业达 16 万多家,已成为世界重要的化工产业基地。化工制药行业主要包括大量的易制毒化学品生产企业、药品批发企业以及药品零售业,从业人员众多,这给监管工作带来了巨大的压力(参见表 7-1)。而且管控环节繁杂,涉及化学品的生产、销售、运输、储存以及药品的检验、审批等诸多环节,管控工作任务繁重。为此,不法分子想方设法通过非法渠道获取易制毒化学品。比如,"将易制毒化学品以合法的名义转入非法渠道,不断扩大流失途径,作案方式极为隐蔽,对防控体系造成了严重的破坏"。如不法分子利用物流业的监管能力缺失,"在公路、铁路、水路、空路运输渠道中,包括易制毒化学品在内的大量违禁品根本无从发现和查禁"。④

---

　　①　王昊魁:《国家加强对非药用类精麻药品的管制》,《光明日报》2015 年 11 月 27 日。

　　②　章正:《"新型毒品"挑战传统禁毒模式》,《中国青年报》2016 年 3 月 20 日。

　　③　张黎、张拓、陈帅锋:《合成毒品滥用引发的公共安全问题研究》,《中国人民公安大学学报(社会科学版)》2014 年第 2 期,第 29 页。

　　④　张黎、刘嵩岩:《论我国易制毒化学品防控体系构建》,《江西警察学院学报》2014 年第 1 期,第 48～49、51 页。

**表 7-1 易制毒化学品的分类和品种目录**

| 易制毒化学品的分类 | 易制毒化学品的品种 |
|---|---|
| 第一类 | 1. 1-苯基-2-丙酮<br>2. 3,4-亚甲基二氧苯基-2-丙酮<br>3. 胡椒醛<br>4. 黄樟素<br>5. 黄樟油<br>6. 异黄樟素<br>7. N-乙酰邻氨基苯酸<br>8. 邻氨基苯甲酸<br>9. 麦角酸＊<br>10. 麦角胺＊<br>11. 麦角新碱＊<br>12. 麻黄素、伪麻黄素、消旋麻黄素、去甲麻黄素、甲基麻黄素、麻黄浸膏、麻黄浸膏粉等麻黄素类物质＊ |
| 第二类 | 1. 苯乙酸　　2. 醋酸酐　　3. 三氯甲烷<br>4. 乙醚　　5. 哌啶 |
| 第三类 | 1. 甲苯　　　　2. 丙酮　　　3. 甲基乙基酮<br>4. 高锰酸钾　　5. 硫酸　　　6. 盐酸 |
| 备注 | 一、第一类与第二类所列物质可能存在的盐类,也纳入管制。<br>二、带有＊标记的品种为第一类中的药品类易制毒化学品,第一类中的药品类易制毒化学品包括原料药及其单方制剂。 |

资料来源:中华人民共和国国务院令第 445 号,http://www.gov.cn/zwgk/2005-09/10/content_30777.htm.

中国和中南半岛国家管控毒品的方法与经验,还不足以有效应对这种不法行为。长此以往,"新精神活性物质"将严重危害中国和中南半岛国家民众的生命健康,破坏经济社会秩序,乃至影响国家安全和社会稳定。

## 二、马六甲海峡的海盗问题

作为国际犯罪的一种,海盗指在公海上及任何国家管辖范围以外的地区及其上空对其他船舶、飞机施加非法暴行和掠夺的行为。根据 1958 年日内瓦《公海公约》规定,海盗行为是:

①在公海上或在任何国家管辖范围以外的地方,私有船舶和私有飞机的乘务员或乘客,为了私人目的,对其他船舶或飞机以及船上或机内人员或财物,从事非法施暴行为、扣留行为或掠夺行为。当军舰和政府船舶、飞机从事上述活动是由其所属国家负责时,不构成海盗行为。当军舰、政府船舶或飞机上的船员、机组人员或乘客发生叛变,在控制该船舶或飞机的过程中从事海盗行为时,应视为私有船舶或飞机的行为。②明知是海盗行为而自愿参加的行为。③教唆或故意促使上述行为的任何行为。构成海盗行为需要有加害船(飞机)和被害船(飞机)两者的存在,故船舶(飞机)内部的犯罪而不属于对其他船舶的行为,不构成海盗行为,可由船旗国行使管辖权。①

马六甲海峡是中国与中南半岛国家之间水路跨境通道上最重要的中继点。自古以来,马六甲海峡就是海盗的活跃区域。第二次世界大战后,马六甲海峡重归沿岸国家控制。1971 年,印度尼西亚、马来西亚和新加坡发表联合声明,反对将马六甲海峡"国际化",宣布三国共管海峡事务。②1977 年,为了马六甲海峡的航行安全,沿岸国新加坡、马来西亚和印尼对海峡当中的暗礁和沉船进行联合测量,制订了《交通分流方案》(*Traffic Separation Schemes*)。根据该方案:

---

① 王伯恭主编:《中国百科大辞典 3》,北京:中国大百科全书出版社,1999年,第 1994 页。

② 中国大百科全书总编辑委员会:《中国大百科全书·军事卷》,北京:中国大百科全书出版社,1992 年。

通过马六甲海峡船的最大吨位为 230000 dwt(载重吨),同时,船底到海底的距离(under keel clearance)在任何时候都要保证有至少 3.5 米。吨位超过 230000 dwt(载重吨)的船,必须取道巽他海峡和龙目海峡。巽他海峡和龙目海峡的深度,大于马六甲海峡,有利于大型轮船通过。但是,取道巽他海峡和龙目海峡,比起取道马六甲海峡,要多航行 1000 海里,航行时间多 2～3天,运费要增加 20%～30%。此外,巽他海峡和龙目海峡的航线上缺乏良好的导航设施,因此,一般低吨位的船只都取道马六甲海峡,而不是巽他海峡和龙目海峡。1981 年,国际海事组织采纳"交通分流方案",将之定为国际航行规则。[①]

马六甲海峡沿岸国家(马来西亚、印度尼西亚与新加坡)考虑到让渡主权的风险,以及海峡管辖权可能产生的冲突,自 2004 年 7 月起,发起了"马、新、印三方协调性巡逻行动"(MALSINDO Coordinated Patrol)。海峡沿岸国的基本立场是:"对海峡的管理事务直接介入的域外国家越少越好。"[②]巡逻行动实施至今,的确减少

① 许可:《当代东南亚海盗研究》,厦门:厦门大学出版社,2009 年,第 42 页;龙目海峡,印度尼西亚龙目岛与巴厘岛之间、连接巴厘海与印度洋的水道。是太平洋与印度洋的海上交通要道,世界性海运走廊,战略地位重要。南北长约80.5 千米,南口宽 65 千米,北口宽 35 千米。海峡南口被珀尼达岛分为东、西两条水道:东水道为主航道,宽 20.4 千米,大部水深逾 100 米,可通航 50 万吨级油船;西水道又称巴东海峡,宽 11.1 千米,大部水深逾 50 米。参见中国海军百科全书编审委员会:《中国海军百科全书》下册,北京:海潮出版社,1998 年, 第 1285 页。
② 龚迎春:《马六甲海峡使用国合作义务问题的形成背景及现状分析》,《外交评论》2006 年第 1 期,第 94 页。

了海盗行为。①但是,马六甲海峡沿岸三国主要是在各自的管辖范围内进行有限度的安全合作。其预警机制的有效性、海岸巡逻力量的反应速度,以及对海盗的追踪能力,都存在不同程度的问题。

　　近年来,海盗对于马六甲海峡及跨境通道的负面影响有增无减。这不仅会损害中国与中南半岛国家地缘经济、文化关系的长远发展,还威胁到华侨华人的生命与财产安全。据国际海事局(International Maritime Bureau)近期公布的数据显示,东南亚水域的海盗问题持续恶化,其中又以新加坡海峡和马六甲海峡情况最为严重,案件增加了 2.7 倍,由 2014 年头 9 个月的 26 起,增至 2015 年同期的 96 起。②

　　在应对海盗的过程中,又出现了新的隐患,即私营安保公司的卷入。2011 年,国际海事组织(International Maritime Organization)通过决议,授权商船雇佣私营安保公司,并允许私营安保公司武装人员在高危海域登船护航。2012 年 5 月,国际海事组织为私营安保公司制定了指导原则,旨在进一步规范私营安保公司武装人员登船护航的相关政策问题。③事实上,将私营安保公司引入海盗问题的治理,国际海事组织并非始作俑者,只是在客观上起到了推波助澜的作用,促使更多的私营安保公司参与应对海盗问题。

　　但是,私营安保公司参与海盗治理在降低治理成本的同时,会产

---

　　①　薛力:《马六甲海峡海盗活动的趋势与特征———一项统计分析》,《国际政治研究》2011 年第 2 期,第 140 页。

　　②　刘丽仪:《亚洲海盗劫案今年首九个月同比增 25%》,《联合早报》(新加坡)2015 年 11 月 11 日。

　　③　International Maritime Organization,"Interim Guidance to Private Maritime Security Companies Providing Privately Contracted Armed Security Personnel on Board Ships in the High Risk Area", http://www.imo.org/OurWork/Security/SecDocs/Documents/Piracy/MSC. 1-Circ. 1443. pdf.

生新的安全风险。①对于许多发展中国家而言，其立法和行政机制相对薄弱，还缺乏社会监督和行业自律，这就使得私营安保公司难以被有效地监管。比如，私营安保公司将业务分包给其他公司，这使得监管变得更加复杂。②

对于中国而言，如果要用私营安保公司来应对马六甲海峡的海盗问题，同样面临诸多制约因素。据察哈尔学会的研究显示，最为突显的制约因素是枪支管制问题：

> 非法持有枪支、弹药罪，依据《刑法》第一百二十八条，可以被判处三年以下有期徒刑、拘役或者管制，情节严重的，将面临三年以上七年以下有期徒刑。尽管《刑法》第七条规定"中华人民共和国公民在中华人民共和国领域外犯本法规定之罪的，适用本法，但是按本法规定的最高刑为三年以下有期徒刑的，可以不予追究"，中国安保人员在境外持有枪支仍会触发刑法，甚至面临刑罚。……中国政府连续出台的几部指导性文件都曾提出使用私营安保公司来维护海外安全，但严厉的《枪支管理法》让这些公司在实际从事该行业的时候难以着手。与之相关的还有这些安保人员如何训练的问题。③

## 小　　结

本章分析了中国与中南半岛国家地缘文化关系面临的主要挑

---

① 苏瑞娜：《南非私营安保业参与公共安全治理的社会风险与监管困境》，《亚非纵横》2013 年第 5 期，第 54 页。

② Report of the Working Group on the use of mercenaries as a means of violating human rights and impeding the exercise of the right of people to self-determination(A/69/338).

③ 察哈尔学会：《私营安保公司：中国海外安全的供给侧改革》，北京：察哈尔学会，2015 年，http://www.charhar.org.cn/uploads/file/20151203/20151203165103_4958.pdf.

战。这是构想中国应对之策的前提。在政策实践中,"国家的目标和需要优先考虑的现实情况总是比那些有时被认为是普遍性的理论要重要得多"。①中国应对这些挑战的当务之急是如何解决"相对有限的资源和时间"与"需要解决的问题相对无限"之间的矛盾。

---

① ［英］肯·布思著,冉冉译:《战略与民族优越感》,北京:中央编译出版社,2009 年,第 31 页。

# 第八章

# 中国的应对之策

对于中国而言,要应对上述诸多挑战,无论是应对问题所需的时间,还是需要投入的资源,都是相对有限的。换言之,所谓的最优方案是不存在的。当务之急是,在可能的次优方案中加以取舍,实现利益攸关方之间的有效合作。在此基础上,方能构想出较为可行的应对之策。笔者认为,"公私合作伙伴关系"是一种较为适宜的次优路径,即"一种公共与私人相互协作协力共同提供公共产品和服务的制度、机制和管理工具"。①换言之,它是公共部门与私人部门共同提供公共产品或服务的一种机制化安排。可以说,这种次优路径在协调国家与社会、政府与市场、公共部门与私人部门的关系方面提出了一种新的思路。

## 第一节　观念层面

实践证明,受众是宣传策略的检验者。任何的宣传策略要想达到预期的效果,必须把握好对受众的角色定位。只有适应受众的兴趣、特质和阅读偏好,用事实说话,才容易被受众接受。笔者认为,中

---

① 曹堂哲:《公共行政执行的中层理论——政府执行力研究》,北京:光明日报出版社,2010 年,第 192 页。

国在中南半岛国家的宣传策略必须至少关注以下三类受众。

第一类受众是中南半岛国家的华侨华人。参照王赓武的说法，海外华人至少可分为以下三类：第一类"十分关心中国的事务"；第二类"主要想维持海外华人社会组织的力量"；第三类"则埋头致力于在居住国争取自己的政治地位"。①无论是哪一类，他们有一个共通之处，即"必须立足于本国的国家立场，在维护和提升本国国家利益同时，谋求自身更大的发展"。可以说，国家关系中的华侨华人被不同的国家利益所分割和利用，所以华侨华人总是置于国家间利益的矛盾与联系之中，这也就决定了国家关系中的华侨华人身份与认同的多样性及其行动的复杂性。②考虑到中南半岛国家华侨华人的情况各有不同，不可能施行统一的宣传策略，目前比较可行的方法是，聘请或邀请当地的华侨华人、华人组织参与宣传方案的制订和推进，从而达到更好的宣传效果。

第二类受众是中南半岛国家的中上层人士和青年群体，因为他们能够将当地的公众舆论导向积极的方向。长期以来，在中南半岛国家，中上层人士或是掌握国家的政治权力，或是控制国家的经济命脉，或是影响社会的舆论导向。其中，知识分子是重中之重。他们成名于当地或国际学界，多数就职于本国的高等教育、科研机构，对问题的分析比较其他中上层人士更为深入，而且能够广泛地影响当地的公众认知，并引起本国决策层的关注。可以说，他们"对住在国政府和民众了解中国具有难以替代的作用"。③对于中上层人士，有必要及时、准确地向其介绍中国在各方面的政策与动向。至于中南半

————————

①　[澳大利亚]王赓武：《东南亚与华人——王赓武教授论文选集》，北京：中国友谊出版公司，1987年，第139页。

②　龙向阳、周聿峨：《关于"华侨华人与国际关系"的再思考》，《华侨华人历史研究》2011年第1期，第19页。

③　吴前进：《海外华人学者与中国国际话语权的塑造》，《国际关系研究》2015年第2期，第64页。

岛国家的青年群体,应采取针对性的宣传策略。比如,在思维习惯上,他们多数排斥说教式的宣传,喜欢"寓教于乐",并乐于将复杂的问题简单化。[①]

　　针对上述这两类受众的情况,可以考虑通过公私合作伙伴关系,制定以受众为导向的宣传策略。目前,中国在对外宣传能力建设方面的投入,"主要用于海外传播平台的获取,包括建设海外电台或者租用时段"。可以说,"大量的项目还停留在依靠国家投入生存的阶段"。[②]从公私合作伙伴关系的视角来看,在海外"发展调频落地广播"是一个可行的次优方案。[③]以中国国际广播电台曼谷分台为例。泰国几乎所有的广播频率已分配给该国的军政部门,但是这些部门多数没有开办电台,而是借助拍卖等方式将广播频率的经营权转手给当地的私营公司。因此,中国国际广播电台与泰国的合作伙伴成立了合资公司,竞拍到曼谷 FM103 调频台的播出权。[④]曼谷 FM103 调频台充分利用了私营部门及当地的人才资源,聘用的本土人才比例较高,"大多具有多年广播节目制作经验或行业营销经验,熟悉泰国广播市场运作"。同时,该台制作的本土化节目比例较高。"有关中国文化、旅游、经济、美食、养生、教育或科技等方面资讯,由当地主持人以聊天方式播出,形式轻松活泼,符合当地受众收听习惯,具有较强的可听性和可信度"。[⑤]

---

　　① 陈清华:《关于海外受众接受心理的外宣策略》,《江苏社会科学》2010年第 4 期,第 224～225 页。

　　② 夏吉宣:《全球化传播,本土化运作——中国国际广播电台曼谷分台案例分享》,《对外传播》2014 年第 3 期,第 28 页。

　　③ 孙伶俐:《论新形势下驻外记者应具备的几个意识》,《现代传播》2015年第 5 期,第 158 页。

　　④ 夏吉宣:《全球化传播,本土化运作——中国国际广播电台曼谷分台案例分享》,《对外传播》2014 年第 3 期,第 26 页。

　　⑤ 夏吉宣:《全球化传播,本土化运作——中国国际广播电台曼谷分台案例分享》,《对外传播》2014 年第 3 期,第 27～28 页。

第三类受众是跨界民族。关键在于把汉语宣传转化为以跨界民族语表达的文化产品。可以采用公私合作伙伴关系来整合现有的媒体资源。这不仅可以解决宣传覆盖面有限的问题,还可以增强宣传的影响力和有效性。目前,可供参考的案例之一,是红河哈尼族彝族自治州,该自治州"80％的少数民族居住在边境线上"。当地电视台不仅建立了民族语译制中心和民族文化频道,还每天译制各民族语言的电视节目。同时,电视台还精选、翻译电影、电视剧和科教片,并录制了一批民族语的文艺节目和纪录片。[①]在此基础之上,在条件许可时,还可以将民族语的广播、电视节目同步上传到互联网,让一部分跨界民族受众利用互联网直接观看或收听;对于条件不足的受众或地区,可以考虑利用边境村寨现有的广播系统,采取"无线调频/互联网＋村扩音喇叭"的方式收听民族语节目。[②]

## 第二节　制度层面

在中国与中南半岛国家跨境教育合作的基础上,有必要增进其多元化,比如借助公私合作伙伴关系推广"大规模开放式网上课程"(Massive Open Online Courses),这是一种较为可行的次优选择。不同于传统的课堂教学和网络公开课,"大规模开放式网上课程"可以被放置在不同的网络平台,选课的学生可以借助电脑、智能手机,随时随地学习课程。[③]这种学习模式,在很大程度上提升了灵活性。

近年来,"大规模开放式网上课程"发展迅速,成果显著。目前,

---

① 马少斌:《边境地区民族语电视节目宣传研究》,《科技传播》2014 年第 4 期,第 5 页。

② 赵长雁、李鹏、杨正瞬:《民族语广播电视在农业科技信息传播中的问题与对策——基于云南边疆少数民族地区的调查》,《昆明理工大学学报(社会科学版)》2014 年第 4 期,第 106 页。

③ 佚名:《两岸四地高校校长学者交流,高教网络化大势所趋》,《澳门日报》2013 年 11 月 7 日。

全球最为知名的"大规模开放式网上课程"平台（例如 Coursera、Edx 和 Udacity），已经与全球很多名牌大学及学术机构合作，免费提供"大规模开放式网上课程"，其内容涉猎广泛，包括艺术人文、生命科学、社会科学等。[①]比如，香港科技大学的"在线课程＋线下暑期课程"教学模式。在线课程完成之后，学生在暑假再花 6 周时间（每周 2 天）接受教师的面授。学生完成暑期课程后，就可以获得香港科技大学的认可，等同于修完一门课程。[②]

值得注意的是，部分国外高校正在尝试通过公私合作伙伴关系，实现"大规模开放式网上课程"的学位认证与收费。其中，优达学城（Udacity）与美国乔治亚理工学院（Georgia Institute of Technology）以及美国电话电报公司（American Telephone & Telegraph Company）于 2013 年 5 月展开合作，正式推出全球首个"拥有全面资格认证"的计算机科学硕士学位课程项目，学生可以通过"大规模开放式网上课程"模式获取这一项目提供的硕士学位。[③]无独有偶，马来西亚的高教部也承认"大规模开放式网上课程"，并允许将其纳入学分。目前，马来西亚是全球第一个不仅承认"大规模开放式网上课程"，还将其纳入教育政策的国家。当学生通过修学"大规模开放式网上课程"累积 120 学分，就可以向马来西亚的学术资格鉴定机构提出学位申请。[④]

针对南传佛教地区存在的"有寺无僧"现象，必须加强南传佛教社群的能力建设。从公私合作伙伴关系的视角来看，南传佛教寺院

---

① 谭嘉因：《传统教学面临网上学习巨大挑战》，《信报财经新闻》2016 年 3 月 22 日。

② 欧阳文倩：《科大首推"线上学分"MOOC 互动读基础课》，《文汇报》2014 年 4 月 30 日。

③ 周伟林、赵宇、于志强：《华语区高等教育 MOOC 建设现状和差异研究》，《复旦教育论坛》2015 年第 4 期，第 37 页。

④ 佚名：《鼓励跨学科跨学府学习，伸缩性高教成主流》，《光明日报》（马来西亚）2016 年 1 月 20 日。

可以与地方政府构建合作伙伴关系，一方面通过地方政府聘请现在已经回国的留学僧，另一方面从中南半岛国家迎请外籍僧人。关于外籍僧人居留中国的身份问题，可以参照国务院新近颁布的《关于支持沿边重点地区开发开放若干政策措施的意见》，其中明确沿边说明，在重点地区"允许按规定招用外籍人员"。这一规定有助于缓解当前南传佛教人才稀缺的局面，将外籍僧人作为专家聘任并办理聘请手续。同时，"在解决身份问题之前，需要对这些境外僧人进行详细调查，并且要与当地政府签订协议，达成各自权与责的统一"。在条件许可的情况下，可以考虑"引入民间闲置资金，聘请有经验的策划与设计团队，对现有的寺院进行规划、设计和施工"。①

　　另一种较为可行的对策，是将南传佛教村寨中以"康朗"和"波章"为代表的佛教信众骨干，纳入中国的南传佛教的管理体系，更好地满足当地佛教信众的宗教需求。长期以来，"康朗"和"波章"已经在许多"有寺无僧"的村寨里发挥着重要的管理、协调作用。比如，当僧才稀缺时，"平时很多佛事活动直接由波章来主持"，波章还负责到境外延请外籍僧人来中国境内的村寨佛寺主持佛事活动。如果"外籍僧人的行为或言谈出现问题时，也是波章将之遣送出境"。此外，"康朗"和"波章"还负责"筹措资金修缮佛寺，带领信众走访邻村佛寺，安排接待邻村来访的信众等"。他们在南传佛教社群中享有很高的威望，得到信众的尊重与礼遇。②将"康朗"和"波章"纳入南传佛教的管理体系，具体而言，就是要建立档案制度登记与管理，对其加以培训并提高村寨寺院的管理水平与质量，同时在经济上给予适当的

---

　　①　黄夏年：《着眼东南亚地区佛教发展新趋势做好云南边疆地区南传佛教工作》，《中国民族报》2016 年 4 月 12 日。
　　②　章立明、赵玲、张振伟等：《南传佛教佛寺管理者的现状》，《中国民族报》2016 年 3 月 1 日。

补助。[①]

# 第三节 器物层面

中国可以通过公私合作伙伴关系,严格地落实对"新精神活性物质"和易制毒化学品的管控措施。国内针对新精神活性物质检测方法的公开报道基本空白,究其原因:

一是新精神活性物质标准物质价格昂贵且获取困难、缴获物和生物样本标准检测方法欠缺等;二是在缺少标准物质作为参比的情况下,对策划药物进行检测需要综合使用多种高端仪器。目前在公安系统内只有公安部禁毒局国家毒品实验室对新精神活性物质开展了较深入的研究。[②]

有鉴于此,禁毒部门可以联合掌握高新技术的研发机构与企业,利用彼此的优势,"启动毒品和新精神活性物质的滥用监测工作",并将"新精神活性物质"与易制毒化学品非法贩运的监测工作联系起来,从而更全面、系统地掌握国内外"新精神活性物质"滥用的动态情况。[③]

同时,警方如果发现疑似"新精神活性物质"时,如果缺乏"新精神活性物质"的检测设备,可以考虑利用"眼动追踪技术"对犯罪嫌疑人进行心理测试。[④]通常,人的眼球运动有三种基本形式,即注视、眼

---

① 郑筱筠:《"成长的烦恼"——转型时期中国南传佛教管理之困境》,《世界宗教研究》2015 年第 4 期,第 15 页。

② 陈捷:《我国毒品分析技术应用研究》,《警察技术》2013 年第 4 期,第 5 页。

③ 张黎、张拓:《新精神活性物质的滥用危害与防控问题研究——以构建我国禁毒防控体系为视角》,《中国人民公安大学学报(社会科学版)》2013 年第 4 期,第 95 页。

④ 朱彬玲、孟梁、郑可芳:《新精神活性物质——芬纳西泮的检验》,《中国司法鉴定》2014 年第 6 期,第 50 页。

跳(视线在两个注视点之间的快速位移)和"追随运动"(当被观察物体与眼睛存在相对运动时,为了保证眼睛总是注视这个物体,眼球会追随物体移动)。①

　　据警方研究,犯罪嫌疑人会对作案时看见的人、物或场景产生深刻的记忆。"当通过言语、非言语的方式唤起其记忆的时候,如让犯罪嫌疑人辨认与犯罪相关的人、物或场景,其眼动模式与未参与过此犯罪的人的眼动模式是不一样的"。利用"眼动追踪技术"对犯罪嫌疑人进行心理测试的基本原理在于,犯罪嫌疑人与非犯罪嫌疑人观看只有犯罪嫌疑人了解的人、物或场景时,"二者所表现出的眼动模式是不同的,因为只有在特定地方实施了犯罪的人才会对该地方形成特殊的记忆痕迹"。②要将"眼动追踪技术"尽快应用于刑侦,需要借助公私合作伙伴关系,在短时期内汇集更多的科学实验数据,并对实验数据分析中采用的指标加以细化。

　　此外,边检机制的改进也有助于加强对"新精神活性物质"和易制毒化学品的管控。比如,尽快在边检口岸推广智能化的识别系统。从技术角度来看,一个智能化识别系统,不仅需要身份证件、指纹信息及面部特征的识别技术,还要预先采集通关人员的证件、指纹、面部特征等信息,以便建立人员信息库。通关人员只需刷卡、按指纹并验证面部特征,即可通过系统实现自助查验通关。中国公安边防部门已于2015年在磨憨边检站配置智能化识别系统,实现了口岸的自助通关,"出入境人员15秒内便可查验通关"。③有关部门可以考虑通过公私合作伙伴关系,改进身份证件、指纹信息及面部特征的识别

　　① 刘涛、李闽威:《眼动追踪技术及其在侦查辨认中的应用》,《广西警官高等专科学校学报》2014年第4期,第38页。
　　② 刘涛、李闽威:《眼动追踪技术及其在侦查辨认中的应用》,《广西警官高等专科学校学报》2014年第4期,第39页。
　　③ 张勇、任维东:《边城破晓——云南省西双版纳州磨憨口岸见闻》,《光明日报》2016年2月23日。

技术,同时更有效、广泛地收集人员信息,比如人员的指纹、面部特征、证件等信息。

　　针对马六甲海峡的海盗问题,目前较为可行的应对之策是改进中国船舶上防范海盗的自救措施。当海盗来袭时,如果无法及时获得救援,船员需要采取有效的自救措施。自救的首要目的是"将船员处于相对安全的位置,并且能控制关键设备"。[①]据研究,比较可行的自救措施是在船舶的船舷两侧安装防弹舷墙,防弹舷墙高度为1～2m,厚度为15～20mm,舷墙的强度可以抵御海盗的冲锋枪射击,在抵抗时保护舷墙后面的船员。在舷墙上设观察孔便于观察海盗。如果两舷取消栏杆,舷墙顶部面板设置斜板过渡或圆滑处理,使海盗无法使用甩钩挂在船舷上,从而阻止海盗登船。[②]要在较短的时间内,对船舶实行改造,需要借助公私合作伙伴关系方可达成。

# 小　　结

　　对于中国与中南半岛国家地缘文化关系面临的诸多挑战,本章从中国的立场出发,讨论了较为可行的应对之策。这些对策并非最优方案,因而不可能做到面面俱到。随着中国与中南半岛国家地缘文化关系的深入发展,还会出现新的现实挑战,或者传统挑战卷土重来。对此,学界和决策者应予以持续的关注。

---

　　①　金璐:《船舶防海盗安全舱室优化设计》,《中国水运》2016年第1期,第8页。

　　②　刘灿波:《多用途船防海盗设施及防御方法研究》,《航海》2015年第1期,第50页。

# 第九章

# 结　　论

## 第一节　研究发现

　　本书对中国与中南半岛国家地缘文化关系的研究,不仅是对其发展历史的梳理,也是对中国与中南半岛国家地缘关系研究的完善与补充。通过对中国与中南半岛国家地缘文化关系四个不同发展阶段的分析,本书考量了地缘文化关系中的四个变量,即华侨华人、跨界民族、跨境通道和佛教文化。研究结果表明,在可以预见的未来,这四个要素不仅不会成为历史,反而会呈现出更强大的影响力。接下来,本书从器物、制度和观念三个层面分析了中国与中南半岛国家地缘文化关系面临的挑战,并从公私合作伙伴关系的视角为中国构想应对之策。这些应对之策的可行性,有待进一步的观察与研究。

## 第二节　未来展望

　　在本书的写作过程中,笔者发现了四个值得后续研究关注的问题,它们很可能会在不久的将来对中国与中南半岛国家地缘文化关系产生影响。现将这四个问题简述如下:

其一,对于中国与中南半岛国家地缘文化关系而言,私营安保公司究竟是一个积极因素?还是消极因素?其中还存在诸多的变数。考虑到中国尚未针对私人安保公司及安保服务对境外的输出制定相应的法律或法规,中国急需出台一整套法律法规来规范在海外提供安保服务的中国企业。至少在相关的法律或法规出台之前,中国应当设立一个常设的政府机构,专门负责向私人安保公司登记注册,发放许可证,并对私人安保公司实施监管。有了这样的常设机构,中国才可以进一步建立对私人安保公司的问责机制。

其二,澜沧江—湄公河航道将成为中国与中南半岛国家之间继海上丝绸之路后,另一条极具战略价值的水路跨境通道。虽然澜沧江—湄公河航道在20世纪90年代就已通航,由于当时老挝的会晒至琅勃拉邦300公里河道尚未实施整治工程,枯水期浅河段仅能通航60吨级的船舶。[①]近年来,中国与泰国、老挝、缅甸已经就《澜沧江—湄公河国际航运发展规划》达成了共识,对澜沧江—湄公河航道进行整治,即"在2025年建成从思茅港南得坝至老挝琅勃拉邦890公里,通航500吨级船舶的国际航道,并在沿岸布设一批客运港口和货运港口"。[②]在可以预计的未来,澜沧江—湄公河航道对中国与中南半岛国家地缘文化关系的影响将愈发突显,值得进一步的关注。

其三,地缘文化关系的发展,绝非一个孤立的过程。有关地缘安全和地缘经济与地缘文化的互动关系,本书未做深入的探讨。比如,如何用系统、规范的方式来表述中南半岛国家的地缘经济关系对于

---

① 澜沧江发源于青海省唐古拉山东北部,流经西藏至云南德钦县流入省境,向南流经迪庆、怒江、大理、保山、临沧、普洱、西双版纳等地州17个县(市),从勐腊县流出国境后称湄公河,再向南流经老、缅、泰、柬、越等国入海。全长4880千米。在中国境内的一段称为澜沧江,全长2161千米,之后称湄公河。参见和段琪编:《中国西部开发信息百科·云南卷》,昆明:云南科技出版社,2003年,第116~117、194~195页。

② 定军、陈海银:《澜沧江—湄公河航运规划启动编制,有望成云南新出海通道》,《21世纪经济报道》2015年6月9日。

地缘文化关系的影响？地缘文化关系在多大程度上反作用于地缘经济关系？中国与中南半岛国家共同面临的地缘安全问题，对于地缘文化关系的影响是怎样的？要探究这些问题的答案，需要引入新的因素与路径，并提出新的假设和论断。

其四，随着中国与中南半岛国家地缘文化关系研究的深入，笔者愈发体会到，语言文字的限制对于研究的影响。比如，如果无法直接阅读中南半岛国家的本国语言（例如泰国语、缅甸语、越南语、老挝语、柬埔寨语和马来语）以及跨界民族的民族语言的资料文献，在研究视角和问题判断上，难免会不够周全，甚至有失偏颇。这是以往国内外学界研究这一课题时，长期面临的瓶颈。

本书是中国与中南半岛国家地缘文化关系研究的一个阶段性成果，希望可以成为未来该领域研究的一个发端。在下一阶段的研究中，笔者将侧重研究中国与中南半岛国家在地缘经济和地缘安全方面共同面临的挑战，同时尽可能地从中南半岛国家的本国语言和跨界民族的民族语言的资料文献中汲取更多的精华。

# 参考文献

## 一、中文专著、译著

1.北京大学东南亚研究所:《东南亚文化研究论文集》,北京:经济日报出版社,2004年。

2.[缅甸]波巴信著,陈炎译:《缅甸史》,北京:商务印书馆,1965年。

3.曹堂哲:《公共行政执行的中层理论——政府执行力研究》,北京:光明日报出版社,2010年。

4.曹兴、孙志方:《全球化时代的跨界民族问题》,北京:中国政法大学出版社,2015年。

5.岑麒祥:《汉语外来语词典》,北京:商务印书馆,1990年。

6.陈碧笙主编:《南洋华侨史》,南昌:江西人民出版社,1989年。

7.陈兵:《二十世纪中国佛教》,北京:民族出版社,2000年。

8.陈耳东、陈笑呐、陈英呐:《佛教文化的关键词:汉传佛教常用词语解析》,天津:天津古籍出版社,2005年。

9.陈吕范主编:《泰族起源与南诏国研究文集》(上),北京:中国书籍出版社,2005年。

10.陈佩修、陈佩修:《军人与政治:泰国的军事政变与政治变迁》,台北:"中央研究院"人社中心亚太区域研究专题中心,2009年。

11.陈显泗:《柬埔寨两千年史》,郑州:中州古籍出版社,1990年。

12.陈修和:《中越两国人民的友好关系和文化交流》,北京:中国青年出版社,1957年。

13.陈炎:《海上丝绸之路与中外文化交流》,北京:北京大学出版社,1996年。

14.陈瑛、许启贤主编:《中国伦理大辞典》,沈阳:辽宁人民出版社,1989年。

15.陈永龄主编:《民族词典》,上海:上海辞书出版社,1987年。

16.陈玉龙等:《汉文化论纲》,北京:北京大学出版社,1993年。

17.陈远、于首奎、梅良模等主编:《世界百科名著大辞典·社会和人文科学》,济南:山东教育出版社,1992年。

18.[英]D.G.E.霍尔著,中山大学东南亚历史研究所译:《东南亚史》,北京:商务印书馆,1982年。

19.[泰]丹隆·拉查奴帕著,王又申译:《暹罗古代史》,北京:商务印书馆,1930年。

20.刁绍华主编:《外国文学大词典》,长春:吉林教育出版社,1990年。

21.丁建弘、孙仁宗主编:《世界史手册》,杭州:浙江人民出版社,1988年。

22.杜继文主编:《佛教史》,南京:江苏人民出版社,2006年。

23.杜洁:《泰国研究回顾:2000—2012》,成都:四川大学出版社,2013年。

24.段怀清:《传教士与晚清口岸文人》,广州:广东人民出版社,2007年。

25.段立生、黄云静、范若兰等:《东南亚宗教论集》,曼谷:大通出版社,2002年。

26.段立生:《泰国史散论》,南宁:广西人民出版社,1993年。

27.段立生:《泰国通史》,上海:上海社会科学院出版社,2014年。

28.段立生:《泰国文化艺术史》,北京:商务印书馆,2005年。

29.范宏贵:《华南与东南亚相关民族》,北京:民族出版社,2004年。

30.范宏伟:《和平共处与中立主义:冷战时期中国与缅甸和平共处的成就与经验》,北京:世界知识出版社,2012年。

31.方广锠主编:《中国佛教文化大观》,北京:北京大学出版社,2001年。

32.方铁:《边疆民族史新探》,北京:知识产权出版社,2013年。

33.方雄普、谢成佳主编:《华侨华人概况》,北京:中国华侨出版社,1993年。

34.冯子平:《海外春秋》,北京:商务印书馆,1993年。

35.冯子平:《泰国华侨华人史话》,香港:香港银河出版社,2005年。

36.甘惜分主编:《新闻学大辞典》,郑州:河南人民出版社,1993年。

37.高伟浓:《走向近世的中国与"朝贡"国关系》,广州:广东高等教育出版社,1993年。

38.高文德主编:《中国少数民族史大辞典》,长春:吉林教育出版社,1995年。

39.葛公尚:《当代国际政治与跨界民族研究》,北京:民族出版社,2006年。

40.古鸿廷:《教育与认同:马来西亚华文中学教育之研究(1945—2000)》,厦门:厦门大学出版社,2003年。

41.顾明远主编:《教育大辞典·增订合编本》下,上海:上海教育出版社,1998年。

42.广西社会科学院印度支那研究所编:《印度支那问题讲座》,南宁:广西社科院印度支那研究所,1986年。

43.贵州百科全书编辑委员会:《贵州百科全书》,北京:中国大百科全书出版社,2005年。

44.郭梁:《东南亚华侨华人经济简史》,北京:经济科学出版社,1998年。

45.郭梁主编:《21世纪初的东南亚社会与经济》,厦门:厦门大学出版社,2003年。

46.郭振铎、张笑梅:《越南通史》,北京:中国人民大学出版社,2001年。

47.国家民族事务委员会文化宣传司、中国社会科学院文化研究中心编:《中国少数民族文化发展报告(2014—2015)》,北京:社会科学文献出版社,2015年。

48.海洋大辞典编辑委员会:《海洋大辞典》,沈阳:辽宁人民出版社,1998年。

49.韩伟:《天涯足痕:海外考古访问录》,北京:文物出版社,2003年。

50.郝勇、黄勇、覃海伦编:《老挝概论》,北京:世界图书出版有限公司,2012年。

51.和段琪编:《中国西部开发信息百科·云南卷》,昆明:云南科技出版社,2003年。

52.贺圣达:《东南亚文化发展史》,昆明:云南人民出版社,1996年。

53.贺旭志、贺世庆编著:《中国历代职官辞典》,长春:吉林文史出版社,1991年。

54.[泰]洪林、黎道纲:《泰国华侨华人研究》,香港:香港社会科学出版社,2006年。

55.[泰]洪林:《泰国华文学校史》,曼谷:泰中学会,2005年。

56.洪修平:《中国佛教文化历程》,南京:江苏教育出版社,

2005 年。

57.胡福明、李真、陈兆德、杨尔烈:《简明社会主义辞典》,南京:江苏人民出版社。

58.华侨华人百科全书编委会:《华侨华人百科全书·法律条例政策卷》,北京:中国华侨出版社,2000 年。

59.华侨华人百科全书编委会:《华侨华人百科全书·教育科技卷》,北京:中国华侨出版社,1999 年。

60.华侨华人百科全书编委会:《华侨华人百科全书·经济卷》,北京:中国华侨出版社,2000 年。

61.华侨华人百科全书编委会:《华侨华人百科全书·历史卷》,北京:中国华侨出版社,2002 年。

62.华侨华人百科全书编委会:《华侨华人百科全书·人物卷》,北京:中国华侨出版社,2001 年。

63.华侨华人百科全书编委会:《华侨华人百科全书·文学艺术卷》,北京:中国华侨出版社,2000 年。

64.华侨华人百科全书编委会:《华侨华人百科全书·新闻出版卷》,北京:中国华侨出版社,1999 年。

65.黄海珠:《泰国华文纸媒研究》,北京:中国社会科学出版社,2013 年。

66.黄心川主编:《南亚大辞典》,成都:四川人民出版社,1998 年。

67.黄滋生、温北炎主编:《战后东南亚华人经济》,广州:广东人民出版社,1994 年。

68.黄祖文、朱钦源:《缅甸史译丛》,新加坡:南洋学会,1984 年。

69.季羡林主编:《东方文学辞典》,长春:吉林教育出版社,1992 年。

70.贾平安、郝树亮主编:《统战学辞典》,北京:社会科学文献出版社,1993 年。

71.蒋宝德、李鑫生主编:《对外交流大百科》,北京:华艺出版社,

1991 年。

72.蒋风主编:《新编文史地辞典》,杭州:浙江人民出版社,1990 年。

73.蒋广学、朱剑主编:《世界文化词典》,长沙:湖南出版社,1990 年。

74.金炳镐:《跨界民族与民族问题》,北京:中央民族大学出版社,2010 年。

75.金炳华主编:《马克思主义哲学大辞典》,上海:上海辞书出版社,2003 年。

76.金勇:《泰国民间文学》,银川:宁夏人民教育出版社,2011 年。

77.景振国:《中国古籍中有关老挝资料汇编》,郑州:中州古籍出版社,1985 年。

78.净海:《南传佛教史》,北京:宗教文化出版社,2002 年。

79.净慧主编:《南传佛教史简编》,北京:中国佛教协会,1991 年。

80.居三元、张殿英主编:《东方文化词典》,北京:北京大学出版社,1993 年。

81.[英]肯·布思著,冉冉译:《战略与民族优越感》,北京:中央编译出版社,2009 年。

82.孔建勋:《多民族国家的民族政策与族群态度:新加坡、马来西亚和泰国实证研究》,北京:中国社会科学出版社,2010 年。

83.[泰]黎道纲:《泰国古代史地丛考》,北京:中华书局,2000 年。

84.[泰]黎道纲:《泰境古国的演变与室利佛逝之兴起》,北京:中华书局,2007 年。

85.李晨:《军人政权与缅甸现代化进程研究:1962—2006》,香港:香港社会科学出版社有限公司,2009 年。

86.李锋、王荣科、王先俊等主编:《政治人物辞典》,南京:南京大学出版社,1992年。

87.李昆声、陈果:《中国云南与越南的青铜文明》,北京:社会科学文献出版社,2013年。

88.李路曲:《新加坡现代化之路——进程、模式与文化选择》,北京:新华出版社,1996年。

89.李谋、李晨阳、钟智翔主编:《缅甸历史论集:兼评〈琉璃宫史〉》,北京:社会科学文献出版社,2009年。

90.李谋等译注:《琉璃宫史》,北京:商务印书馆,2007年。

91.李枭鹰、唐敏莉:《泰国高等教育政策法规》,桂林:广西师范大学出版社,2013年。

92.李一平、刘稚主编:《东南亚地区研究学术研讨会论文集》,厦门:厦门大学出版社,2011年。

93.李一平、庄国土主编:《冷战以来的东南亚国际关系》,厦门:厦门大学出版社,2005年。

94.李云泉:《朝贡制度史论:中国古代对外关系体制研究》,北京:新华出版社,2004年。

95.李植楠主编:《外国历史辞典》,武汉:湖北教育出版社,1991年。

96.李志贤主编:《东南亚与中国——连接、疏远、定位》,新加坡:亚洲研究学会,2009年。

97.梁启超:《梁启超选集》,上海:上海人民出版社,1984年。

98.梁英明:《东南亚史》,北京:人民出版社,2010年。

99.梁志明、李谋、杨保筠、傅增有:《古代东南亚历史与文化研究》,北京:昆仑出版社,2006年。

100.梁志明、李谋、杨保筠:《东南亚古代史:上古至16世纪初》,北京:北京大学出版社,2013年。

101.梁志明:《源远流长,多元复合:东南亚历史发展纵横》,北京:世界图书出版公司,2014年。

102.廖盖隆、孙连成、陈有进等主编:《马克思主义百科要览》下卷,北京:人民日报出版社,1993年。

103.廖小健:《战后各国华侨华人政策》,广州:暨南大学出版社,1996年。

104.廖旸:《宗教信仰与民族文化》第4辑,北京:社会科学文献出版社,2012年。

105.林超民主编:《方国瑜文集》第1辑,昆明:云南教育出版社,1994年。

106.林仁川:《明末清初私人海上贸易》,上海:华东师范大学出版社,1987年。

107.林水檺、何启良、何国忠、赖观福主编:《马来西亚华人史新编》(第1—3册),吉隆坡:马来西亚中华大会堂总会,1998年。

108.林水檺、骆静山编:《马来西亚华人史》,吉隆坡:吉隆坡马来西亚留台校友会联合会,1984年。

109.林锡星:《中缅友好关系研究》,广州:暨南大学出版社,2000年。

110.林秀梅主编:《泰国社会与文化》,广州:广东经济出版社,2006年。

111.林远辉、张应龙:《新加坡马来西亚华侨史》,广州:广东高等教育出版社,1991年。

112.岭南文化百科全书编辑委员会:《岭南文化百科全书》,北京:中国大百科全书出版社,2006年。

113.刘从德主编:《地缘政治学导论》,北京:中国人民大学出版社,2010年。

114.刘宏:《战后新加坡华人社会的嬗变:本土情怀·区域网络·全球视野》,厦门:厦门大学出版社,2003年。

115.刘金质、梁守德、杨淮生主编:《国际政治大辞典》,北京:中国社会科学出版社,1994年。

116.刘佩弦主编:《马克思主义与当代辞典》,北京:中国人民大学出版社,1988年。

117.刘务:《1988 年以来缅甸民族国家构建》,北京:社会科学文献出版社,2014 年。

118.刘岩:《南传佛教与傣族文化》,昆明:云南民族出版社,1993 年。

119.刘义棠:《中国边疆民族史(修订本)》(上、下册),台湾:台湾中华书局股份有限公司。

120.刘稚:《中国—东南亚跨界民族发展研究》,北京:民族出版社,2007 年。

121.楼宇烈、张志刚:《中外宗教交流史》,长沙:湖南教育出版社,1998 年。

122.陆峻岭、周绍泉:《中国古籍中有关柬埔寨资料汇编》,北京:中华书局,1986 年。

123.陆韧:《云南对外交通史》,昆明:云南民族出版社,1997 年。

124.罗竹风主编:《汉语大词典》第 10 卷,上海:汉语大词典出版社,1992 年。

125.罗竹风主编:《汉语大词典》第 1 卷,上海:汉语大词典出版社,1990 年。

126.吕维祺编:《四译馆则》,《近代中国史料丛刊三编》第 31 辑,台北:台湾文海出版社有限公司,1966 年。

127.[英]马凌诺斯基著,费孝通译:《文化论》,上海:商务印书馆,1946 年。

128.马树德编著:《中外文化交流史》,北京:北京语言文化大学出版社,2000 年。

129.门岿、张燕瑾主编:《中华国粹大辞典》,北京:国际文化出版公司,1997 年。

130.孟庆远主编:《新编中国文史词典》,北京:中国青年出版社,1989 年。

131.[泰]姆·耳·马尼奇·琼赛著,厦门大学外文系翻译小组译:《老挝史》,福州:福建人民出版社,1974 年。

132.南炳文、何孝荣、陈安丽:《明代文化研究》,北京:人民出版社,2005年。

133.潘光主编:《各国历史寻踪》,上海:上海辞书出版社,2001年。

134.潘吉星:《中国金属活字印刷技术史》,沈阳:辽宁科学技术出版社,2001年。

135.彭家礼:《英属马来亚的开发》,北京:商务印书馆,1983年。

136.朴今海、张学慧:《跨界民族研究》,沈阳:辽宁民族出版社,2015年。

137.戚盛中:《泰国民俗与文化》,北京:北京大学出版社,2013年。

138.曲星:《国际形势新变化与中国外交新局面》,北京:世界知识出版社,2014年。

139.任道斌主编:《佛教文化辞典》,杭州:浙江古籍出版社,1991年。

140.任继愈主编:《佛教大辞典》,南京:江苏古籍出版社,2002年。

141.申旭、刘稚:《中国西南与东南亚的跨境民族》,昆明:云南民族出版社,1988年

142.申旭:《老挝史》,昆明:云南大学出版社,2011年。

143.申旭:《中国西南对外关系史研究——以西南丝绸之路为中心》,昆明:云南美术出版社,1994年。

144.施荣华:《中泰文化交流》,昆明:云南美术出版社,1997年。

145.[苏联]什那伊杰尔,李希泌、王贵珍著,孙伟译:《缅甸》,北京:三联书店,1956年。

146.四川百科全书编纂委员会:《四川百科全书》,成都:四川辞书出版社,1997年。

147.宋立道:《神圣与世俗——南传佛教国家的宗教与政治》,北京:宗教文化出版社,2000年。

148.宋立道:《传统与现代:南传佛教在当代社会中的调试》,北京:中国社会科学出版社,2002年。

149.宋涛主编:《〈资本论〉辞典》,济南:山东人民出版社,1988年。

150.孙文范编著:《世界历史地名辞典》,长春:吉林文史出版社,1990年。

151.谭志词:《中越语言文化关系》,北京:军事谊文出版社,2003年。

152.陶西平主编:《教育评价辞典》,北京:北京师范大学出版社,1998年。

153.万悦容:《泰国非政府组织》,北京:知识产权出版社,2013年。

154.王伯恭主编:《中国百科大辞典》,北京:中国大百科全书出版社,1999年。

155.[澳大利亚]王赓武:《东南亚与华人——王赓武教授论文选集》,北京:中国友谊出版公司,1987年。

156.王虎:《马来西亚非政府组织研究》,厦门:厦门大学出版社,2010年。

157.王家范、谢天佑主编:《中华古文明史辞典》,杭州:浙江古籍出版社,1999年。

158.王介南、姜义华主编:《中华文化通志·中国与东南亚文化交流志》,上海:上海人民出版社,1998年。

159.王介南:《中国与东南亚文化交流志》,上海:上海人民出版社,1998年。

160.王民同编译:《泰国华人面面观》,昆明:云南大学出版社,1993年。

161.王士录:《当代越南》,成都:四川人民出版社,1992年。

162.巫乐华:《南洋华侨史话》,北京:商务印书馆,1997年。

163.巫乐华主编:《华侨史概要》,北京:中国华侨出版社,

1994 年。

164.吴枫主编:《简明中国古籍辞典》,长春:吉林文史出版社,1987 年。

165.吴凤斌主编:《东南亚华侨通史》,福州:福建人民出版社,1994 年。

166.吴文藻:《吴文藻人类学社会学研究文集》,北京:民族出版社,1990 年。

167.吴元华:《务实的决策:新加坡政府华语文政策研究》,北京:当代世界出版社,2008 年。

168.鲜丽霞、李祖清:《缅甸华人语言研究》,成都:四川大学出版社,2014 年。

169.萧振士编:《中国佛教文化简明辞典》,北京:世界图书出版公司,2014 年。

170.谢光:《泰国与东南亚古代史地丛考》,北京:中国华侨出版社,1997 年。

171.徐复等编:《古代汉语大词典》,上海:上海辞书出版社,2007 年。

172.徐寒主编:《中国历史百科全书》,北京:中国大百科全书出版社,1994 年。

173.徐善福、林明华:《越南华侨史》,广州:广东高等教育出版社,2011 年。

174.徐万邦、王齐国主编:《民族知识辞典》,济南:济南出版社,1995 年。

175.许可:《当代东南亚海盗研究》,厦门:厦门大学出版社,2009 年。

176.许清章:《缅甸历史、文化与外交》,北京:社会科学文献出版社,2014 年。

177.雪犁主编:《中国丝绸之路辞典》,乌鲁木齐:新疆人民出版社,1994 年。

178.杨保筠:《中国文化在东南亚》,郑州:大象出版社,2009 年。

179.杨建成:《泰国的华侨》,台北:中华学术院南洋研究所,1986 年。

180.杨建成主编:《法属中南半岛之华侨》,台北:中华学术院南洋研究所,1986 年。

181.杨庆南:《世界华侨华人历史横纵》,厦门:厦门大学出版社,1994 年。

182.杨展、鲁锋主编:《简明人文地理学辞典》,南京:南京大学出版社,1990 年。

183.姚楠:《中南半岛华侨史纲要》,上海:商务印书馆,1946 年。

184.易朝晖:《泰国国家概况》,重庆:重庆大学出版社,2013 年。

185.余定邦、黄重言:《中国古籍中有关缅甸资料汇编》,北京:中华书局,2002 年。

186.余定邦、黄重言:《中国古籍中有关新加坡马来西亚资料汇编》,北京:中华书局,2002 年。

187.余定邦、喻常森等:《近代中国与东南亚关系史》,广州:中山大学出版社,1999 年。

188.余定邦:《中缅关系史》,北京:光明日报出版社,2000 年。

189.袁世全、冯涛主编:《中国百科大辞典》,北京:华夏出版社,1990 年。

190.云南大学中文系编:《东南亚文化论》,昆明:云南大学出版社,1994 年。

191.张殿吉主编:《外国历史大事典》,石家庄:河北教育出版社,1989 年。

192.张建新:《21 世纪初东盟高等教育》,昆明:云南人民出版社,2010 年。

193.张克、黄康白、黄方东编著:《史记人物辞典》,南宁:广西人民出版社,1991 年。

194.张维华主编:《中国古代对外关系史》,北京:高等教育出版社,1993年。

195.张锡镇、宋清润:《泰国民主政治论》,北京:中国书籍出版社,2013年。

196.张英:《东南亚佛教文化》,北京:中央民族大学出版社,1999年。

197.张永禄主编:《唐代长安词典》,西安:陕西人民出版社,1990年。

198.张跃、张琨:《新加坡文化概论》,北京:世界图书出版公司,2014年。

199.张仲木:《泰中研究》,曼谷:华侨崇圣大学泰中研究中心,2003年。

200.赵朴初:《佛教常识答问》,北京:北京出版社,2003年。

201.赵永胜:《缅甸与泰国跨国民族研究》,北京:社会科学文献出版社,2015年。

202.哲学小辞典编写组:《哲学小辞典·外国哲学史部分》,上海:上海人民出版社,1975年。

203.郑筱筠:《东南亚宗教研究报告:东南亚宗教的复兴与变革》,北京:中国社会科学出版社,2014年。

204.郑筱筠主编:《东南亚宗教与社会发展研究》,北京:中国社会科学出版社,2013年。

205.中国百科大辞典编委会编:《中国百科大辞典》,北京:华夏出版社,1990年。

206.中国辞典编写组:《中国辞典》,北京:五洲传播出版社,2008年。

207.中国大百科全书总编辑委员会:《民族百科全书》,北京:中国大百科全书出版社,1994年。

208.中国大百科全书总编辑委员会:《中国大百科全书·军事卷》,北京:中国大百科全书出版社,1992年。

209.中国大百科全书总编辑委员会:《中国大百科全书·外国历

史卷》,北京:中国大百科全书出版社,1992 年。

210.中国大百科全书总编辑委员会:《宗教百科全书》,北京:中国大百科全书出版社,1994 年。

211.中国海军百科全书编审委员会:《中国海军百科全书》下册,北京:海潮出版社,1998 年。

212.中国社会科学院历史研究所编:《古代中越关系史资料选编》,北京:中国社会科学出版社,1982 年。

213.中国社会科学院世界宗教研究所:《中国社会科学院世界宗教研究所建所 50 年纪念文集(1964—2014)》上卷,北京:社会科学文献出版社,2014 年。

214.中华孔子学会编辑委员会:《中华地域文化集成》,北京:群众出版社,1998 年。

215.钟楠:《柬埔寨文化概论》,北京:世界图书出版有限公司,2014 年。

216.钟智翔、尹湘玲等编著:《缅甸概论》,北京:世界图书出版有限公司,2012 年。

217.周建新:《中越中老跨国民族及其族群关系研究》,北京:民族出版社,2002 年。

218.周思源主编,马树德编著:《中外文化交流史》,北京:北京语言文化大学出版社,2000 年。

219.周伟民、唐玲玲:《中国与马来西亚文化交流史》,海口:海南出版社,2008 年。

220.周一良主编:《中外文化交流史》,开封:河南人民出版社,1987 年。

221.朱国宏:《中国的海外移民——一项国际迁移的历史研究》,上海:复旦大学出版社,1994 年。

222.朱寰、王建吉:《世界古代中世纪史》,北京:北京大学出版社,1993 年。

223.朱杰勤、黄邦和主编:《中外关系史辞典》,武汉:湖北人民出版社,1992年。

224.朱杰勤:《东南亚华侨史》,北京:高等教育出版社,1990年。

225.祝湘辉:《山区少数民族与现代缅甸联邦的建立》,北京:世界图书出版公司,2010年。

226.庄国土:《二战以后东南亚华族社会地位的变化》,厦门:厦门大学出版社,2003年。

227.庄国土:《华侨华人与中国的关系》,广州:广东高等教育出版社,2001年。

228.卓名信、厉新光、徐继昌等主编:《军事大辞海》上,北京:长城出版社,2000年。

229.邹春萌、罗圣荣:《泰国经济社会地理》,广州:世界图书出版广东有限公司,2014年。

## 二、英文专著

1.Alexander，Garth，1974．The invisible China：The overseas Chinese and the politics of Southeast Asia．New York：Macmillan．

2.Axel，Michael，2003．Why is Buddhism，is religion so important in Thai culture?：A psychoanalysis-based exploration of Thai culture and personality．Berlin：Seacom．

3.Barrett，Tracy，2012．The Chinese diaspora in Southeast Asia：The overseas Chinese in Indo-China，1870—1945．London：I. B. Tauris．

4.Carinño，Theresa C.，1985．China and the overseas Chinese in Southeast Asia．Quezon City：New Day Publishers．

5.Chopra,Pran Nath，and Tokan Sumi，1983．Contribution of Buddhism to world civilization and culture．Atlantic Highlands，N. J.：Humanities Press．

6.Davies，Henry Rodolph，1909．Yün-nan，the Link between India and the Yangtze．Cambridge:Cambridge University Press．

7.Dodd, William Clifton, Isabella Ruth Eakin Dodd, 1923. The Tai race: Elder brother of the Chinese: Results of experience, exploration and research. Iowa: The Torch Press.

8.Evans, Grant, 2000. Laos: Culture and society. Singapore: Silkworm Books.

9.Geddes, Michael, 2005. Making public private partnerships work: Building relationships and understanding cultures. Aldershot, Hants: Gower.

10. Gerard Toal, Simon Dalby, Paul Routledge, 1998. The geopolitics reader. London: Routledge.

11. Harris, Ian Charles, 1999. Buddhism and politics in twentieth-century Asia. London: Pinter.

12.Hazra, Kanai Lal, 2000. Buddhism and its influence on Thai culture. New Delhi: Decent Books.

13. Hicks, George L. , 1993. Overseas Chinese remittances from Southeast Asia, 1910—1940. Singapore: Select Books.

14.Holt, John, 2009. Spirits of the place: Buddhism and Lao religious culture. Honolulu: University of Hawaii Press.

15. Ishii, Yoneo, 1986. Sangha, state, and society: Thai Buddhism in history. Honolulu: University of Hawaii Press.

16.Konrad-Adenauer-Stiftung, 2000. East and Southeast Asia network for better local governments: New public management: Public private partnership. Makati City, Philippines: Konrad-Adenauer-Foundation.

17.Landon, Kenneth Perry, 1973. The Chinese in Thailand. New York: Russell & Russell.

18. Lester, Robert C. , 1973. Theravada Buddhism in Southeast Asia. Ann Arbor: University of Michigan Press.

19. McMahan, David L. , 2012. Buddhism in the modern

world. New York: Routledge.

20. Michael R. Reich, 2002. Public-private partnerships for public health. Cambridge: Harvard University Press.

21.Nguyen, Tai Thu, Thi Tho Hoang, and Minh Chi Dinh, 2008. The history of Buddhism in Vietnam. Washington, D. C: The Council for Research in Values and Philosophy.

22.Rae, Ian, and Morgen Witzel, 2008. The overseas Chinese of South East Asia history, culture, business. Basingstoke, England: Palgrave Macmillan.

23. Panggabean, Adrian T. P. , 2006. Expanding access to basic services in Asia and the Pacific region: Public-private partnerships for poverty reduction. Manila: Asian Development Bank.

24.Ray, Niharranjan, 1946. An introduction to the study of Theravāda Buddhism in Burma; a study in Indo-Burmese historical and cultural relations from the earliest times to the British conquest. Calcutta: University of Calcutta.

25.Reiter,Dan, 1996. Crucible of beliefs: Learning, alliances, and world wars. N. Y. : Cornell University Press.

26.Schecter, Jerrold, 1967. Buddhism and political power in Southeast Asia. London: Gollancz.

27. Scott, James George, 1927. The Burman: His life and notions. London: Macmillan.

28.Senapatiratne, Dilani, Saw Allen, Russell H. Bowers, and Narong Sarasmut, 2003. Folk Buddhism in southeast Asia. Cambodia: Training of Timothy.

29.Singh,Arvind Kumar, 2009. Buddhism in Southeast Asia. New Delhi: MD Publications Pvt. Ltd.

30. Sivaraksa, Sulak, 1990. Buddhism and social value:

Liberation religion and culture. Bangkok: Santi Pracha Dhamma Institute.

31.Skinner, G. William, 1962. Chinese Society in Thailand: An analytical history. Ithaca, N. Y. : Cornell University Press.

32. South, Oron P. , 1957. Overseas Chinese in Southeast Asia. Maxwell Air Force Base, Ala. : Air War College, Air University.

33. Suksamran, Somboon, and Trevor Ling, 1977. Political Buddhism in Southeast Asia: The role of the Sangha in the modernization of Thailand. New York: St. Martin's Press.

34. Suryadinata, Leo, 1997. Ethnic Chinese as Southeast Asians. New York: St. Martin's Press.

35. Swearer, Donald K. , 1981. Buddhism and society in Southeast Asia. Chambersburg, Pa: Anima Books.

36. Swearer, Donald K. , 2010. The Buddhist world of Southeast Asia. Albany: State University of New York Press.

37. Topmiller, Robert J. , 2006. The Lotus unleashed the Buddhist Peace Movement in South Vietnam, 1964-1966. Kentucky:The University Press of Kentucky.

38.Tsomo,Karma Lekshe, 2008. Buddhist women in a global multicultural community. Malaysia: Sukhi Hotu Dhamma Publications.

39.Tun, Than, 1978. History of Buddhism in Burma A. D. 1000—1300. Rangoon: Burma Research Society.

40.Tylor, Edward B. , 1958. Primitive culture. New York: Harper.

41. Victor Purcell, 1967. The Chinese in Malaya. Oxford: Oxford University Press.

42. Wallerstein, Immanuel Maurice, 1991. Geopolitics and

geoculture：Essays on the changing world-system. Cambridge：
Cambridge University Press.

43. Williams，Lea E.，1966. The future of the overseas
Chinese in Southeast Asia. New York：Published for the Council
on Foreign Relations by McGraw-Hill.

44. Williams，Paul，and PatriceLadwig，2012. Buddhist
funeral cultures of Southeast Asia and China. Cambridge：
Cambridge University Press.

45. Wood，William Alfred Rae，1933. A history of Siam.
Revised edition. Bangkok：Siam Barnakich Press.

# 三、中文论文

1. 卜弘：《论殖民时代泰国的外交策略》,《南洋问题研究》1995
年第 3 期。

2. 曹庆锋：《马来西亚民族政策的历史嬗变及其启示》,《西北民
族大学学报(哲学社会科学版)》2013 年第 4 期。

3. 曹淑瑶：《1950 年代马来亚的华校学生运动之研究》,《台湾师
大历史学报》2013 年第 49 期。

4. 陈捷：《我国毒品分析技术应用研究》,《警察技术》2013 年第
4 期。

5. 陈锴：《试析中国与中南半岛国家地缘文化关系面临的挑战及
应对之策》,《国际政治研究》2012 年第 1 期。

6. 陈清华：《关于海外受众接受心理的外宣策略》,《江苏社会科
学》2010 年第 4 期。

7. 陈是呈：《唤醒沉睡的马中关系(1970—1974 年)：马中建交前
马来西亚华人在社会与文化互动中的角色》,《南洋问题研究》2013
年第 3 期。

8. 陈松沾：《日治时期新马华人的处境》,《南洋学报》第 52 卷,
1998 年。

9.陈伟光:《论 21 世纪海上丝绸之路合作机制的联动》,《国际经贸探索》2015 年第 3 期。

10.陈艳艺:《从华人认同看泰国华文教育的复苏与发展(1992—2012)》,《东南亚纵横》2013 年第 4 期。

11.范宏伟:《从外交部解密档案看中缅关系中的华侨问题》,《南洋问题研究》2007 年第 1 期。

12.方铁:《简论西南丝绸之路》,《长安大学学报(社会科学版)》2015 年第 3 期。

13.方铁:《唐宋两朝至中南半岛交通线的变迁》,《社会科学战线》2011 年第 4 期。

14.方铁:《云南跨境民族的分布、来源及其特点》,《广西民族大学学报(哲学社会科学版)》2007 年第 5 期。

15.方文:《老挝人民革命党的教育政策与实践》,《黑河学刊》2016 年第 2 期。

16.傅新球:《缅甸佛教的历史沿革》,《东南亚纵横》2002 年第 5 期。

17.盖沂昆:《大湄公河次区域“金三角”合成毒品危害及对策》,《云南警官学院学报》2015 年第 3 期。

18.高源:《佛教文化对泰国教育的影响以及对中国学校道德教育的启示》,《成都大学学报(社会科学版)》2014 年第 4 期。

19.耿慧玲:《越南铭刻与越南历史研究》,《止善》2014 年第 6 期。

20.龚迎春:《马六甲海峡使用国合作义务问题的形成背景及现状分析》,《外交评论》2006 年第 1 期。

21.郭来喜:《连结中原与南亚的西南古道》,《大地地理杂志》1990 年第 10 期。

22.韩林:《中国文化与泰国、马来西亚华人、华侨人口关系研究》,《中国人口科学》1991 年第 4 期。

23.何新华:《清代东南亚国家贡象研究》,《东南亚研究》2011 年第 1 期。

24.何跃、高红:《论云南跨境教育和跨境民族教育》,《云南民族大学学报(哲学社会科学版)》2011 年第 2 期。

25.贺圣达:《东南亚历史和文化发展:分期和特点》,《学术探索》2011 年第 3 期。

26.洪丽芬:《华语与马来语的词汇交流——马来西亚文化融合的表现》,《东南亚研究》2009 年第 1 期。

27.华林甫:《略论中国地名文化对越南的影响》,《南洋问题研究》2001 年第 2 期。

28.黄光成:《跨界民族的文化异同与互动——以中国和缅甸的德昂族为例》,《世界民族》1999 年第 1 期。

29.黄光成:《西南丝绸之路是一个多元立体的交通网络》,《中国边疆史地研究》2002 年第 4 期。

30.黄火龙、张开勒:《马来西亚佛教》,《法音》1999 年第 8 期。

31.黄家定:《马来西亚多元族群的政治——在厦门大学的演讲》,《南洋问题研究》2006 年第 2 期。

32.黄素芳:《17—19 世纪中叶暹罗对外贸易中的华人》,《华侨华人历史研究》2007 年第 2 期。

33.季羡林:《中国蚕丝输入印度问题的初步研究》,《历史研究》1955 年第 4 期。

34.江应梁:《古代暹罗与中国的友好关系》,《思想战线》1983 年第 4 期。

35.蒋玉莲:《影响中国—东盟文化交流与合作的因素及对策分析》,《广西大学学报(哲学社会科学版)》2006 年第 5 期。

36.介永强:《佛教与中古中外交通》,《厦门大学学报(哲学社会科学版)》2010 年第 5 期。

37.金璐:《船舶防海盗安全舱室优化设计》,《中国水运》2016 年第 1 期。

38.孔远志:《中国与东南亚文化交流的特点》,《东南亚之窗》2009 年第 1 期。

39.李晨阳:《佛教与缅甸的反帝独立斗争》,《东南亚纵横》1994年第 2 期。

40.李晨阳:《佛教在当代柬埔寨政治中的作用》,《东南亚纵横》1995 年第 4 期。

41.李晨阳:《佛教在当代泰国政治中的作用》,《东南亚》1996 年第 1 期。

42.李佳:《缅甸的语言政策和语言教育》,《东南亚南亚研究》2009 年第 2 期。

43.李金明:《马六甲海峡与东南亚地区安全》,《东南亚研究》2007 年第 6 期。

44.李勤:《近现代泰国佛教的世俗化趋向》,《云南师范大学学报》2001 年第 6 期。

45.李孝川、王凌:《云南边境沿线学校教育发展现实困境阐析》,《学术探索》2014 年第 1 期。

46.李一平:《试论马来西亚华人与马来人的民族关系》,《世界历史》2003 年第 5 期。

47.李优坤:《泰国对华外交中的防范因素分析》,《历史教学(高校版)》2008 年第 2 期。

48.李育民:《中越制度文化交流及其影响》,《晋阳学刊》2013 年第 2 期。

49.李元瑾:《从文化殖民的视角重读新加坡海峡华人的失根与寻根》,《华侨华人历史研究》2014 年第 2 期。

50.李云泉:《话语、视角与方法:近年来明清朝贡体制研究的几个问题》,《中国边疆史地研究》2014 年第 2 期。

51.连心豪:《暹罗宋卡吴国主考略——一个显赫的海澄籍华侨家族》,《闽台文化交流》2009 年第 4 期。

52.廖小健:《影响马来西亚马华两族关系的文化与政治因素》,《华侨华人历史研究》2007 年第 4 期。

53.廖小健:《战后各国华侨、华人政策比较研究》,《史学月刊》

2004 年第 3 期。

　　54.林明华:《汉语与越南语言文化(上)》,《现代外语》1997 年第1 期。

　　55.林明华:《汉语与越南语言文化(下)》,《现代外语》1997 年第2 期。

　　56.林毅夫:《经济发展与中国文化的复兴》,《北京大学学报(哲学社会科学版)》2009 年第 3 期。

　　57.林志忠:《近百年来柬埔寨华校教育发展之探讨》,《台湾东南亚学刊》2008 年第 2 期。

　　58.刘灿波:《多用途船防海盗设施及防御方法研究》,《航海》2015 年第 1 期。

　　59.刘军、柯玉萍:《试析中国文化与古代马来西亚社会》,《思想战线》2011 年第 S1 期。

　　60.刘强、曲峰德、王凤武、王超:《海盗活动规律分析及应对措施》,《世界海运》2011 年第 10 期。

　　61.刘庆柱:《"丝绸之路"的考古认知》,《经济社会史评论》2015年第 2 期。

　　62.刘涛、李闽威:《眼动追踪技术及其在侦查辨认中的应用》,《广西警官高等专科学校学报》2014 年第 4 期。

　　63.刘志民、宫秀丽、周萌萌、王子云:《中国氯胺酮滥用问题调查报告》,《中国药物依赖性杂志》2014 年第 5 期。

　　64.龙向阳、周聿峨:《关于"华侨华人与国际关系"的再思考》,《华侨华人历史研究》2011 年第 1 期。

　　65.卢姝杏:《新加坡的外交原则及其对华政策(1990—2010)》,《东南亚研究》2011 年第 5 期。

　　66.罗二虎:《汉晋时期的中国"西南丝绸之路"》,《四川大学学报(哲学社会科学版)》2000 年第 1 期。

　　67.骆莉:《马来西亚多元文化社会中的华人文化》,《世界民族》2002 年第 4 期。

68.吕士朋:《明代制度文化对越南黎朝的影响》,《史学集刊》1994 年第 1 期。

69.吕士朋:《中国文化与越南文化》,《史学会刊》1975 年第 4 期。

70.麻天祥:《清末民初佛教文化勃兴的原因》,《哲学与文化》1991 年第 10 期。

71.马达:《从越南使用汉字的历史看汉文化对越南的影响》,《中州学刊》2004 年第 5 期。

72.马少斌:《边境地区民族语电视节目宣传研究》,《科技传播》2014 年第 4 期。

73.马颖忆、陆玉麒、柯文前、陈博文:《泛亚高铁建设对中国西南边疆地区与中南半岛空间联系的影响》,《地理研究》2015 年第 5 期。

74.马勇:《泰国古代史研究述评》,《云南民族学院学报(哲学社会科学版)》1995 年第 2 期。

75.聂德宁:《近代中国与暹罗的贸易往来》,《南洋问题研究》1996 年第 1 期。

76.潘忠岐、黄仁伟:《中国的地缘文化战略》,《现代国际关系》2008 年第 1 期。

77.彭伟步:《华文报纸在华文教育中的作用——以马来西亚华文报纸为例》,《华文教学与研究》2012 年第 4 期。

78.戚盛中:《中国古代通俗小说在泰国》,《国外文学》1990 第 1 期。

79.阮金山:《当代越南儒教研究之现状与问题》,《台湾东亚文明研究学刊》2008 年第 2 期。

80.邵宝辉、Nik Norma Nik Hasan:《困境中的坚守,挑战下的转型——马来西亚华文报纸的新世纪变迁》,《中国报业》2013 年第 14 期。

81.石沧金:《保护、传承与发扬——20 世纪 80 年代以来马来西亚华人社团发展华人文化的举措与动态分析》,《东南亚研究》2006 年第 2 期。

82.石沧金:《试析马来西亚独立后华人社团与华人文化发展的关系》,《世界民族》2005 年第 3 期。

83.石维有:《暹罗王室在垄断贸易中重用华侨的原因》,《东南亚纵横》2004 年第 5 期。

84.宋立道:《佛教与当代泰国社会》,《世界宗教研究》1995 年第 4 期。

85.宋清润:《当前缅甸对华认知分析》,《国际研究参考》2013 年第 6 期。

86.宋蜀华:《论西南丝绸之路的形成作用和现实意义》,《中央民族大学学报》1996 年第 6 期。

87.颂赛:《老挝语中的外来语》,《东南亚纵横》1990 年第 3 期。

88.苏瑞娜:《南非私营安保业参与公共安全治理的社会风险与监管困境》,《亚非纵横》2013 年第 5 期。

89.孙伶俐:《论新形势下驻外记者应具备的几个意识》,《现代传播》2015 年第 5 期。

90.汤开建、田渝:《清代中暹贡赐往来及其影响》,《广西民族学院学报(哲学社会科学版)》2004 年第 2 期。

91.汪海:《从北部湾到中南半岛和印度洋——构建中国联系东盟和避开"马六甲困局"的战略通道》,《世界经济与政治》2007 年第 9 期。

92.汪新生:《论法国殖民政策与越柬关系》,《东南亚研究》1986 年第 1 期。

93.王何忠:《浅谈佛教对缅甸文化的影响》,《云南民族学院学报(哲学社会科学版)》1999 年第 2 期。

94.王沪宁:《文化扩张与文化主权:对主权观念的挑战》,《复旦学报(社会科学版)》1994 年第 3 期。

95.王焕芝:《文化民族主义与马来西亚华文教育》,《西南民族大学学报(人文社科版)》2010 年第 10 期。

96.王其书:《西南丝绸之路音乐文化考察报告》,《音乐探索(四川音乐学院学报)》2003 年第 3 期。

97.魏道儒:《佛教与社会主义核心价值观》,《中国宗教》2013 年第 11 期。

98.吴立民:《论佛教与中国文化》,《佛教文化》1991 年第 3 期。

99.吴前进:《海外华人学者与中国国际话语权的塑造》,《国际关系研究》2015 年第 2 期。

100.夏吉宣:《全球化传播,本土化运作——中国国际广播电台曼谷分台案例分享》,《对外传播》2014 年第 3 期。

101.谢彪:《西南丝绸之路—佛教文化最早直接传入中国的通道》,《福建论坛(社科教育版)》2008 年专刊。

102.谢远章:《从素可泰碑使用干支看泰族族源》,《东南亚》1983 年第 00 期。

103.徐长恩:《二战后至 1970 年代末新加坡华文教育衰落原因》,《八桂侨刊》2009 年第 1 期。

104.许梅:《柬埔寨外交政策的演变与中柬关系的发展》,《当代亚太》2005 年第 3 期。

105.许肇琳:《泰国泰族探源》,《中山大学学报(社会科学版)》1991 年第 3 期。

106.薛力:《马六甲海峡海盗活动的趋势与特征——一项统计分析》,《国际政治研究》2011 年第 2 期。

107.阳茂庆、杨林、胡志丁:《"一带一路"背景下中国与中南半岛贸易格局演变及面临的挑战》,《热带地理》2015 年第 5 期。

108.杨春雨:《从明朝北京城和阮朝顺化城看中越建筑文化交流》,《东南亚纵横》2011 年第 6 期。

109.杨军:《中国与古代东亚国际体系》,《吉林大学社会科学学报》2004 年第 2 期。

110.尹朝晖:《地缘文化:当代国际政治理论研究的新视角》,《理论导刊》2009 年第 1 期。

111.俞云平:《部分马来西亚华裔新一代的文化与族群认同》,

《八桂侨刊》2005 年第 1 期。

　　112.占本尼、梁薇:《1940—1953 年间柬埔寨教育的佛教模式》,《东南亚纵横》2012 年第 11 期。

　　113.张弘:《从西南丝绸之路的线路节点研析其功能及需求》,《学术探索》2015 年第 7 期。

　　114.张黎、刘嵩岩:《论我国易制毒化学品防控体系构建》,《江西警察学院学报》2014 年第 1 期。

　　115.张黎、张拓、陈帅锋:《合成毒品滥用引发的公共安全问题研究》,《中国人民公安大学学报(社会科学版)》2014 年第 2 期。

　　116.张黎、张拓:《新精神活性物质的滥用危害与防控问题研究——以构建我国禁毒防控体系为视角》,《中国人民公安大学学报(社会科学版)》2013 年第 4 期。

　　117.张睿、袁海毅:《辐射南亚东南亚,云南基础已备》,《云南信息报》2015 年 1 月 30 日。

　　118.张文学:《论新加坡汉传佛教与殖民政府的关系》,《世界宗教文化》2013 年第 1 期。

　　119.张应龙:《槟城之菩提——华人与马来西亚佛教的发展》,《中国宗教》2003 年第 8 期。

　　120.张禹东:《马来西亚的华人宗教文化》,《华侨华人历史研究》1999 年第 1 期。

　　121.赵长雁、李鹏、杨正瞬:《民族语广播电视在农业科技信息传播中的问题与对策——基于云南边疆少数民族地区的调查》,《昆明理工大学学报(社会科学版)》2014 年第 4 期。

　　122.赵朴初:《佛教与中国文化的关系》,《中国宗教》1995 年第 1 期。

　　123.赵世林、陈燕、王玉琴:《南传上座部佛教与边疆民族地区和谐社会构建》,《西南民族大学学报(人文社会科学版)》2012 年第 12 期。

　　124.赵永胜:《古代泰国政治中的亲属关系和依附制度》,《东南亚》1999 年第 1 期。

125.郑筱筠:《"成长的烦恼"——转型时期中国南传佛教管理之困境》,《世界宗教研究》2015 年第 4 期。

126.中共中央对外联络部课题组:《老挝人民革命党处理宗教问题的探索与实践》,《当代世界与社会主义》2006 年第 4 期。

127.中国农业银行国际金融部课题组:《泛亚铁路的意义、困境及市场机遇研究》,《农村金融研究》2015 年第 6 期。

128.钟珊:《近代越南文化的变迁》,《东方论坛》2013 年第 5 期。

129.钟智翔:《缅甸的佛教及其发展》,《东南亚研究》2001 年第 2 期。

130.周伟林、赵宇、于志强:《华语区高等教育 MOOC 建设现状和差异研究》,《复旦教育论坛》2015 年第 4 期。

131.朱彬玲、孟梁、郑可芳:《新精神活性物质——芬纳西泮的检验》,《中国司法鉴定》2014 年第 6 期。

132.朱宏斌:《秦汉时期传统稻作农业科技文化在东南亚的传播》,《东南亚纵横》2002 年第 11 期。

133.朱振明:《中泰关系发展中的一个亮点:中泰文化交流》,《东南亚南亚研究》2010 年第 4 期。

134.庄国土:《论郑和下西洋对中国海外开拓事业的破坏——兼论朝贡制度的虚假性》,《厦门大学学报(哲学社会科学版)》2005 年第 3 期。

135.庄国土:《略论朝贡制度的虚幻:以古代中国与东南亚的朝贡关系为例》,《南洋问题研究》2005 年第 3 期。

136.卓礼明:《试析冷战后老挝的对华政策》,《东南亚研究》2001 年第 1 期。

137.[英]安妮·布思著,徐斌译:《东南亚的教育与经济发展:神话和现实》,《南洋资料译丛》2000 年第 4 期。

138.[日]河上麻由子:《佛教与朝贡的关系——以南北朝时期为中心》,《传统中国研究集刊》2006 年第 00 期。

139.［日］骏河辉和、Onphanhdala Phanhpakit 著,司韦译:《老挝的教育和劳动力市场的进展》,《南洋资料译丛》2009 年第 3 期。

140.［澳大利亚］卡莱尔·A. 塞耶著,许丽丽译:《越南与崛起中的中国——成熟的不对称性动力》,《南洋资料译丛》2010 年第 4 期。

141.［印度尼西亚］廖建裕著,苏健璇译:《对东南亚华人研究的几点看法》,《南洋资料译丛》1989 年第 3 期。

142.［新加坡］琳达·刘著,沙棘译:《从东盟看华侨的联系》,《南洋资料译丛》1997 年第 2 期。

143.［马来西亚］林马辉著,陈家屯译:《马来西亚的种族关系和阶级关系(上)》,《南洋资料译丛》1987 年第 1 期。

144.［日］山下清海著,刘晓民译:《老挝的华人社会与唐人街——以万象为中心》,《南洋资料译丛》2009 年第 4 期。

145.［日］小泉允雄著,郭梁译:《"缅甸式社会主义"制度下的华侨》,《南洋资料译丛》1978 年第 4 期。

146.［日］野泽知弘著,乔云译:《柬埔寨的华人社会——关于金边华人华侨聚居区的调查报》,《南洋资料译丛》2012 年第 2 期。

## 四、英文论文

1.Langton，Stuart，1983. Public-private partnerships：Hope or hoax?. National Civic Review，72（5）：256-261.

2.Skinner，G. William，1957. Chinese assimilation and Thai politics. The Journal of Asian Studies，16（2）：237-250.

3. Teisman，Geert R. and Klijn，Erik-Hans，2002. Partnership arrangements：Governmental rhetoric or governance scheme? . Public Administration Review，62(2)：197-205.

## 五、中文学位论文

1.次云波:《地缘文化视角下中国对东南亚的文化战略研究》,兰州大学硕士学位论文,2009 年。

2.释自懋:《缅甸仰光汉传佛教团体之发展与困境》,慈辉大学硕士学位论文,2005 年。

3.余娅:《地缘文化视角下中国与东盟关系研究》,电子科技大学硕士学位论文,2015 年。

4.周娅:《建构主义新视域:地缘文化及其建构机制研究》,云南大学博士学位论文,2013 年。

## 六、中文报道

1.笔锋:《东盟平衡外交,不随美国起舞》,《亚洲周刊》2016 年 3 月 6 日。

2.刀述仁:《建立巴利语佛学院,培养南传佛教僧才》,《中国民族报》2015 年 3 月 17 日。

3.刀述仁:《重视南传佛教文化的复兴与研究》,《中国民族报》2015 年 10 月 20 日。

4.定军、陈海银:《澜沧江—湄公河航运规划启动编制,有望成云南新出海通道》,《21 世纪经济报道》2015 年 6 月 9 日。

5.符懋濂:《从朝贡谈到"朝贡论"》,《联合早报》(新加坡)2015 年 10 月 30 日。

6.韩琨:《中国—东盟工科教育共谱协奏曲》,《中国科学报》2015 年 4 月 2 日。

7.蒗熙:《泰国博仁大学培养国际化高素质人才》,《南国早报》2016 年 5 月 3 日。

8.黄夏年:《着眼东南亚地区佛教发展新趋势做好云南边疆地区南传佛教工作》,《中国民族报》2016 年 4 月 12 日。

9.贾晓明:《傣族和上座部南传佛教》,《人民政协报(数字报)》2013 年 10 月 10 日。

10.蓝希峰:《祜巴龙庄猛:在"一带一路"建设中发挥积极作用》,《中国民族报》2015 年 4 月 28 日。

11.李克强:《在澜沧江—湄公河合作首次领导人会议上的讲

话》,《人民日报数字报(文字)》2016年3月25日。

12.李沙青:《云南财经大学可与国外高校学分互换》,《云南日报(数字报)》2014年9月5日。

13.李娴:《博仁大学与云南全面合作》,《春城晚报》2015年5月18日。

14.梁虹:《佛牙舍利塔与释迦牟尼佛牙》,《北京晚报》2005年8月28日。

15.刘百军:《法治宣传延伸到每个边境村寨》,《法制日报(电子报)》2016年3月31日。

16.刘丽仪:《亚洲海盗劫案今年首九个月同比增25%》,《联合早报》(新加坡)2015年11月11日。

17.刘娜利:《中泰教育的完美联姻——广西大学素攀孔子学院办学聚焦》,《广西日报》2014年11月14日。

18.刘绮黎:《李克强十月之行》,《新民周刊》2013年10月28日。

19.刘诗萌:《中国铁路出海助推东南亚互联互通》,《中国产经新闻》2016年3月12日。

20.吕慎:《中国—东盟教育交流周,搭建双方交往之桥》,《光明日报》2015年8月9日。

21.米根孝、张世辉、文刀等:《中国佛牙舍利在泰国》,《中国民族报》2003年2月28日。

22.苗丹国:《国际化程度显著提升》,《中国教育报》2016年3月15日。

23.倪婷:《云南昆曼公路贯通20小时到曼谷,通关减3小时联系东盟更密切》,《文汇报》2013年12月12日。

24.欧阳文情:《科大首推"线上学分"MOOC互动读基础课》,《文汇报》2014年4月30日。

25.潘跃、李昌禹:《中国赠送缅甸佛牙舍利塔复制品》,《人民日报》2013年6月2日。

26.瞿振元:《"一带一路"建设与国家教育新使命》,《光明日报》

2015 年 8 月 13 日。

27.苏雁:《老挝苏州大学:架起服务两地的桥梁》,《光明日报》2015 年 6 月 12 日。

28.孙广勇:《万千信众迎佛塔》,《人民日报》2013 年 6 月 22 日。

29.谭爱玮:《人民币有望成为东盟地区主流货币》,《大公报》2016 年 4 月 18 日。

30.谭嘉因:《传统教学面临网上学习巨大挑战》,《信报财经新闻》2016 年 3 月 22 日。

31.王昊魁:《国家加强对非药用类精麻药品的管制》,《光明日报》2015 年 11 月 27 日。

32.王俊岭:《中泰铁路波折无碍共赢大局》,《人民日报海外版》2016 年 4 月 5 日。

33.谢诗坚:《再论中国侨务政策——答庞萱君》,《南洋商报》2016 年 4 月 4 日。

34.谢玉婷:《独特的"康朗"》,《中国民族报》2015 年 6 月 9 日。

35.学诚:《文明交流互鉴中佛教文化的价值》,《中国民族报》2014 年 4 月 8 日。

36.杨秀蓉:《南传佛教在云南的传播与发展》,《中国民族报》2014 年 4 月 8 日。

37.佚名:《大马留华同学会免费提供多元教材华文教育终端机》,《南洋商报》2015 年 7 月 4 日。

38.佚名:《鼓励跨学科跨学府学习,伸缩性高教成主流》,《光明日报》(马来西亚)2016 年 1 月 20 日。

39.佚名:《克拉地峡"迷雾"背后》,《江淮晨报》2015 年 5 月 24 日。

40.佚名:《澜湄合作机制》,《新民周刊》2016 年 4 月 4 日。

41.佚名:《马中情谊筑厦大分校》,《中国报》2016 年 2 月 23 日。

42.佚名:《内阁承认中国汉语水平考试》,《南洋商报》2015 年 4 月 12 日。

43.佚名:《厦大马来西亚分校举行首批新生开学典礼》,《中国新闻社》2016 年 2 月 23 日。

44.佚名:《世界毒品问题现状及其挑战》,《光明日报》2016 年 4 月 21 日。

45.佚名:《泰国博仁大学带动东盟留学》,《齐鲁晚报》2013 年 12 月 12 日。

46.佚名:《中国捣毁 2 东南亚贩毒通道 10 大马毒贩广东落网》,《南洋商报》2015 年 6 月 11 日。

47.俞懿春、庄雪雅:《中国助力东盟互联互通》,《人民日报数字报(文字)》2016 年 1 月 13 日。

48.张勇、任维东:《边城破晓——云南省西双版纳州磨憨口岸见闻》,《光明日报》2016 年 2 月 23 日。

49.章立明、赵玲、张振伟等:《南传佛教佛寺管理者的现状》,《中国民族报》2016 年 3 月 1 日。

50.章正:《"新型毒品"挑战传统禁毒模式》,《中国青年报》2016 年 3 月 20 日。

51.中国人民银行贵阳中心支行课题组:《政府与社会资本合作在中国的应用》,《金融时报》2016 年 3 月 21 日。

52.钟秉林:《以开放促改革、促发展》,《中国教育报》2016 年 3 月 15 日。

53.周斌:《国家禁毒办回应不实传闻,多数新精神活性物质欧美制造》,《法制日报(电子报)》2015 年 6 月 26 日。

# 七、泰文资料

1. "อาคม" ถกหาข้อสรุปรถไฟไทย-จีน. ไทยรัฐ (《泰叻报》). 3 พ.ค. 2559 (2016 年 5 月 3 日). http://www.thairath.co.th/content/614558.

2. บทสุดท้ายรถไฟไทย-จีน. ไทยรัฐ (《泰叻报》). 31 มี.ค. 2559 (2016 年 3 月 31 日). http://www.thairath.co.th/content/598325.

3. สามารถ หนุน ไทยชุด 'คอคอดกระ' เพิ่มอำนาจเศรษฐกิจ-พาณิชย์. ไทยรัฐ (《泰叻报》). 19ต.ค.2558 (2015 年 10 月 19 日). http://www. thairath.co.th/content/533377.

## 八、网络资料

1. "Categories of new psychoactive substances sold in the market", United Nations Office on Drugs and Crime，2014. http://www. unodc. org/documents/scientific/NPS _ poster _ 2014 _EN. pdf.

2.Global SMART Update September 2013 - Vol. 10，United Nations Office on Drugs and Crime，https://www. unodc. org/documents/scientific/Global_SMART_Update_10_web. pdf.

3.Report of the Working Group on the use of mercenaries as a means of violating human rights and impeding the exercise of the right of people to self-determination,Untied Nations(A/69/338).

4.察哈尔学会:《私营安保公司:中国海外安全的供给侧改革》,北京:察哈尔学会,2015 年,http://www. charhar. org. cn/uploads/file/20151203/20151203165103_4958. pdf.

5.李敏仪:《公私营机构合作》,香港:立法会秘书处数据研究及图书馆服务部，2005 年，http://www. legco. gov. hk/yr04-05/chinese/sec/library/0405rp03c.pdf.

# 后　记

　　本书脱胎于我在复旦大学国际关系与公共事务学院的博士后研究工作报告。我在复旦大学的博士后导师倪世雄教授，无论是从治学态度，还是从为人情操上都给予我莫大的教诲与启迪。倪教授渊博的知识、严谨的治学、谦逊的为人及宽广的胸襟令我获益良多。师从倪教授问学，是我的荣幸。

　　在复旦求学期间，我得到了复旦大学多位学术前辈的指导和帮助。其中，林尚立教授、沈丁立教授、邓正来教授、桑玉成教授、石源华教授、徐以骅教授和陈明明教授等前辈提出了许多高屋建瓴的意见和建议。同时，感谢复旦大学博士后办公室的顾美娟主任、王益新和朱嫣敏老师，以及复旦大学的肖素平、赵信敏、施莹老师为我提供的诸多帮助。

　　本书能由博士后研究工作报告升格为学术专著，感谢厦门大学国际关系学院和南洋研究院，为我提供了十分理想的研究环境。感谢庄国土教授、李一平教授、王勤教授、施雪琴教授、聂德宁教授、范宏伟教授、张苾芜教授、赵海立教授、许可教授、方浩教授、王虎教授等学术前辈在学术上的支持和帮助。感谢学院的范丽书记、黄俊清副书记、洪小荣、曾祥轩、陈君、龙羽西、朱鸿婕、沈丽秀、郭晓玲和曾秀莲等老师在行政方面的支持与配合。感谢厦门大学图书馆的萧德洪馆长、陈滨、陈娟、杨薇、马鲁伟和赖寿康老师，厦门大学国际关系学院、南洋研究院的张长虹、张大勇、吴文智、姚晓静、许丽丽老师在学术资料和技术方面给予的支持。

在聂德宁教授的推荐下,本书有幸列入厦门大学东南亚研究中心系列丛书出版,并得到厦门大学出版社薛鹏志、章木良等同仁的大力支持。在此一并深致谢忱。

感谢我的博士导师,上海社会科学院副院长、上海外国语大学国际关系与公共事务学院名誉院长黄仁伟教授。黄教授是我走上学术道路的引路人。没有他的支持与教导,我不可能取得今天的进步。感谢浙江大学公共管理学院的余潇枫教授。余教授是我在浙江大学的博士后导师,他的学识与涵养总是令人如沐春风。感谢新加坡国立大学东亚研究所所长郑永年教授。我在新加坡国立大学担任访问学者期间,承蒙郑教授的指导和关照。他的著述与思想,令我受益匪浅。

感恩我敬爱的父母,感恩他们无私的关爱、鼓励与支持。我所取得的所有成绩都离不开他们付出的心血。

本书的出版由中央高校基本科研业务费专项资金资助,项目编号20720151285。在此,衷心感谢厦门大学社会科学研究处陈武元处长、高和荣副处长、冯文晖副处长、张随刚、杨汉伟、龚君、李仕耘等老师一直以来的支持与帮助。此外,还有不少师长和学友支持、帮助过我,由于篇幅所限,在此难以尽数。

由于作者水平有限,书中难免有疏漏之处,敬请广大读者与同仁不吝指正。

**陈　锴**

厦门大学南安楼